JN411360

질마재골의 뻐꾸기

서원생 시집

오늘의문학사

국립중앙도서관 출판시도서목록(CIP)

질마재골의 뻐꾸기 : 서원생시집 / 지은이: 서원생.
-- 대전 : 오늘의 문학사, 2015
p. ; cm. -- (오늘의문학시인선 ; 344)

ISBN 978-89-5669-663-8 03810 : ₩8000

한국 현대시[韓國 現代詩]

811.7-KDC6
895.715-DDC23 CIP2015001831

질마재골의 뻐꾸기

■ 서

석양이 붉게 지고 있다.

일상을 메고 가는 태양도 아쉬움은 남을 것이다.

빈자(貧者)로 늘 살면서도 몇년마다 책 한 권씩을 내고 싶은 소망이 마음속에 남았다.

이번에도 해(年)가 바뀌면서 부족한 마음으로 습작한 글들을 모아 보았다. 즈믄 해는 12월이 되자마자 기다렸다는 듯이 첫 눈까지 내렸다.

하늘도 참았던 눈물을 펑펑 흘리고 싶었던 것 같다.

이런 때는 꼭 만나고 싶었던 사람들이 있었다.

유년시절에 헤어졌던 낮 익은 이름들이다.

내가 시를 쓰는 이유도 그 그리움들을 찾기 위함이 아니었던가 싶다. 불혹을 넘어 환갑으로 치닫는 삶의 궤적에도 그리움은 아이들 때와 크게 다르지 않다.

나뿐만이 아닐 것이다.

다름이라면 사연들을 조금 대담하게 이야기 할 수 있는 것이 나이 들면서 느는 배짱 아닐까?

이제 네 번째 시집을 낼 차례이다.

이 시집이 그리움을 마음에 간직한 사람들의 안식처가 되었으면 하는 소망이다.

추억을 공유하는 많은 벗들이 있었으면 좋겠다.

계룡산 장군봉에서

■ 차 례

제3부

제4부

‖ **작품해설** ‖

제1부

도라지 밭에서

검은 밤하늘 바라보며
하늘의 별과 달과 같이
매일매일 소망을 따는 꿈을 꾸게 하소서

새벽이 되면
가장 높은 산마루에서 일찍 일어나
하늘의 이슬을 받아먹으며
영험한 양분을 섭취하게 하소서

여명이 돋는 아침이 되면
어머니 젖가슴처럼 솟아오르는
빼알간 불덩어리를 끌어안고
하루를 기도하게 하고
주소도 모르는 어느 바람에 휘감겨
누리를 향해 출렁이게 하소서

어느 봄날
따사로운 햇살이 때리는 낮 동안에는
단단한 홀씨가 여물게 하여
푸르른 청산으로 멀리멀리
번식되게 하소서

어머님의 무덤 앞에서

단명의 고귀한 삶이
비록 한이 되었을 뿐
후회하는 것은 결코 아니거늘

평생 가실 것 같지 않으시던 인생길
그리 서둘러 가시느라
생애, 기쁨의 반대편에만 서서
늘 걱정만 안고 사셨거늘

이젠, 영멸의 제2인생의 삶이랑
초록빛 푸르름 더불어 안식을 공유하며
평생, 누운 자리엔
양지로만 똬리를 튼 채로
늘 부자로만 사셨으면 하거늘

산다는 것, 짧은 나그네길
언제나 고행의 삶이라더니
누운 그 자리에선 삶의 욕심은 접으시고
이생의 흔적일랑
부디, 돌부리 하나라도 잊었으면 하거늘

배꽃

산마루 비탈길
봄이면 밤마다 황홀한 잔칫상에
하얗게 줄줄줄 흐르는
가야금 곡조에 얹은
저 눈부신
작별의 시
한 수

눈물 하나라도 남김없이
땅바닥에 낙관을 찍고
총총히 사라진다

백목련

도심 대로변, 아파트 담 모서리 부분에
훌쩍, 키 세운 목련나무
여린 가지 끝마다
하얀 백로 한 마리씩 내려와
숨찬 날숨과 들숨을 깊게 몰아쉬면서
겨우내 젖은 깃털을 말리고 있다

졸음 오는 따사로운 봄날의 오후
일제히 젖가슴을 풀고
흰 목젖까지 내 놓고 하품하는
도톰하게 벌어진 입술
잠시 후 부끄러운 듯 서로 곁눈질 하며
하얀 덧니를 내놓고 웃고 있다

아직은 꽃샘바람 시샘하듯 불어
견고하지 않은 무른 가지가
바람에 힘없이 흔들거리고
자나 깨나 불안한 마음이지만
세상이 맺어준 동안거를 풀지 않고 버티다가
상처가 아물 때 즈음에
먼 먼 나라로 훨훨 날아간다

찔레꽃

늦게 핀 수줍은 과거의 사랑이
비로소, 그리움으로 얼려낸
표현의 몸짓이랄까
과거와 같은 향기는 없어도
몸속에 아직도 지닌
영영 없어지질 않은 순결
그 사랑, 아직도 품고 있으니

세월은 덧없이 가고 와도
돌이킬 수 없이
쭈글쭈글한 살갗으로 변했을망정
내 가슴 한 모퉁이엔 언제나
유년의 순이로 또
철없는 철수의 향기로 몸짓하고 있다
하얀 저고리, 치마 언저리엔
꼭꼭 숨겼다가 풀어놓은
은은히 풍겨오는 청순함

살가운 봄바람이 불 때마다
낭창낭창 알맞게 휘는 허리와
수줍은 미소
오랜 입맞춤하다 들킨 연인처럼

홍당무가 된 백치 같은 사랑
꾸밈없고 진실한 내 봄처녀의 환상이
꽃잎에 동동
일었다가 또 사라지고 마는

벚꽃

나무꾼과 선녀의 오래된 이야기
하늘나라에 얼마나 알려졌으면
전설이 질 때쯤인 지금까지도
잊지도 않고
이맘때면 꼬박꼬박
세상에 사뿐사뿐
내려앉는담

장미

토담을 넘어
능청스런 늑대처럼
내 옷깃을 열고 폐부로 전이해 오는
도도한 붉은 저 전류
강한 볼트에 온 몸이 감전이 되어
일상의 정열도 빼앗기고 말았네

오호라, 내 마음속에
실핏줄처럼
사랑을 지필 전선이 깔려 있었구나

질마재골의 뻐꾸기

어릴 때도 한 번도 보지도 못한
그윽한 산울림의 은둔자
그 옛 벗, 언젠가 만나거든

내, 삶의 터를 심고 나온
푸르름 가득한 청산의 골짜기
바쁘게 고향을 떠나느라
혼자 외로이 남겨둔
그 옛 벗, 한번만 만나거든

미나리 필 때, 아지랑이 올라오던
검은 거름 내며 가꾼
기름진 질마재* 골의 계단밭에서 듣던
구성진 그의 음성을 다시 듣거든

겨우내 움츠리고 있다가
나른한 봄철 오후에
해거름 긴 혓바닥을 자갈밭까지 내밀고 있을 때
어딘가 모습을 감추며 봄을 알리던
그 우직한 벗, 그를 한번 만나거든

꼭, 한번만 전해주렴
네가 모르는 사이, 우리는 친구가 되었다고
네 그윽한 고향집 같은 음계에
난, 지금까지 미쳐 있었다고
이제는 반해버려서
아직까지도 한 번도 만나도 보지도 못한
널 널 진심으로 찾고 있다고

* 질마재 : 필자의 고향마을 뒷산

해빙

겨울이 금이 가고 있다
누군가가 극지방에서 몰아온 지구 온난화가
봄을 기지개펴게 하고 있다

지구 속에다 담수해 놓은 물이
조금씩 조금씩 새 나오고
풀어낸 물들이 도랑을 타고
겨울이 밀어낸 불순물을 청소하며
겨울 갈증을 삭혀주고 있다

괭이로 땅을 파 보면
모락모락 아지랑이 언어로 사설(辭說)하고
어제까지만 해도 단단하던 오솔길이
여기저기 꺼져 내리고 있다

천지가 뒤집히고 있다
다시 새 하늘과 새 땅이 창조되려나

동네 냇가의 버들강아지가
속눈썹을 열며
게슴츠레한 눈을 비비고 있다

우리집에서는
겨우내 나와 동행한
내 방에 있던 화분 안의 영산홍이
창문 베란다로 나간다

옻의 속성

말없는 소요가 일고 있다
분을 참지 못하고
살갗을 들어 올리고 있는 저항을 보라
빨간 화기를 들이대며
온몸의 범위를 넓혀가고 있는 저 분노
가려움이 스멀스멀 올라오고
얇은 지층을 들어 올리며 반항하고 있다
누가 저 벌집을 건드려 놓았는가!
태양에 대항하여 고갤 들고 있는 저를

타는 목마름에도
보란 듯 파란 살결을 들이대며 핏길을 올리는
저 도도한 혈기
목울대에 빨간 핏대를 부풀리며
불만에 가득한 청춘의 분노를 잊었는가!

내 몸이 불타고 있다
여기저기 빨간 흔적들이 부풀어 오르고
심장으로 치닫고 있는 불길을 잡을
내 소방차는 골목길에 막혀 멈춰 있다
여기 묻혀, 저기 불사르고 있는
전염병을 알면서 방치하고 있는 둔한 감각

삽시간에 온몸이 화마에 덮여 있고
살갗은 마취되어 있다

화를 다스리지 못한 둔한 감각이
맑은 영혼까지 마비시키고 있다
온몸이 화염에 쌓여 있고
화상에 올라온 상처가 형태를 가리고 있다
아, 저주의 씨앗
저, 마의 홀씨가 번지고 번식하고
피의 이동을 막고 서 있는데
난 할 일이 별로 없이
치약에서 흰 액체를 피부에 짜고 있을 뿐이다

오늘도 음과 양의 두 얼굴을 가지고
냉한 자에게는 치료를
발열한 자에게는 저항의 온도를 높이면서
심한 고문을 가하고
스스로 발광을 하며 몸부림치고 있는
저 번식체를 보라!

수줍은 군화

걷다가, 달리다가
지쳐서 혓바닥을 내밀고 있는
주름 잡힌 삶의 모순에서
어느덧
길들여져 가는 나를 본다

고무 밑창에서
산맥들이 울부짖는다
밟을 때마다 넘실거리며
바닷물도 출렁인다
더러는 쾌쾌한 땀 냄새로 자욱하다
볼록한 들창코를 들이대며
염치없이 신발장에도 올라와 앉는다

하지만 밉지 않다
우직하고 부지런하기에 생명을
부지하고 살지 않은가

피곤한 인생의 질량만큼
무거운 무게로 몰골을 눌리면서
여기저기 노병의 몸에는
훈장처럼 낙관이 새겨 있다

이제는
흙을 털고 수고를 덜어내며
쉬엄쉬엄 가자

분칠한 검은 화장에서
희생한 영혼이 서성이고 있지 않은가

장미를 보며

화려한 마돈나의 입술에 바른 립스틱처럼
거만한 미의 여신에게도
때론, 슬픔이 머물 자리를 남겨두었을까

일몰이 삭혀낸 누룩처럼
풍부한 볼륨에 관능미까지 더한
핏빛 여인상

영원한 미의 브론즈 같은 나의 우상이
그 기대에 맞지 않게
두 눈가에 자국 난 슬픈 흔적을 보면
차마, 이해 못할 일
그대를 울릴 만큼 아름다운
우주에 숨겨 논 흑진주가 또 있었을까

누가 장미를 아름답다고 하였던가!
부족한 것 없이 자라난
세상 사치를 한 몸에 지닌 그대
그러나 속사랑은 상처투성이였구나
애원하다 자국 난 파란 목덜미
통곡의 벽을 헤치느라 부르튼 가시발톱 피멍이 들고
예쁜 얼굴엔 상처자국만 남았으나

그걸 알아주는 영혼이 없다
그러나 운명같은 기구한 인연이라 생각하며
포지하지 않고
기다림에 성숙한 황홀한 장미는
오늘도 부질없이
또 빨간 유혹의 에펠탑을 올리고 있구나

거름

새들도 날지 않는
흰 눈에 덮인 지루한 침묵의 시간 동안
영욕을 썩히는 고통을 통해서
이생에 한 번 살다간 삶을 삭혀 놨다가
어느 봄날, 아지랑이 필 때
황량한 들판에 몸을 풀어낸다.

골목 맨 끝집, 구석에 버려진 모퉁이에서
일 년 내내 눈칫밥을 먹으며
숨까지 죽이고
당당하게 버티어 온 거친 삶들이
이제는 귀하신 몸으로 재생되어
새 이름표를 달고 나온 유산균 토사들

진공된 포장지를 뜯자마자
지난 세월 모진 설움이 쏟아져 나온다

이생을 사는 동안
한 번도 자기 삶을 살지 못하고
희생하면서 살던 생이 죽어서까지
다른 혼들과 버무리고 우려낸 끝에

다시 돌아온 그 격정의 그늘이 목이 메여
잠시 동안 향수에 젖는다

하지만 또 흙으로 돌아가야 할 운명이다
일 년을 흙과 동안거를 하다가
열 달을 꽉 채우고 난 뒤에
다시 새 생명들을 잉태해야만 한다

할미꽃

우중충한 저승 그늘에서
마지막을 떠내 보내는
이름도 모르는 청소부가 되게 하소서
굳은 일 하면서도 늘 욕만 먹는
운반하는 노역자로 살게 하소서
수없이 천년
뼛골마저 흩어졌어도
비문 옆에서 유일하게 불을 사르는
침묵이 되게 하소서

흙속에서도 사라지지 않는
죽어도 허연 사리 한 점으로 남아
그 혼 불을 지키는
평생 죄인으로 부끄럽게 살게 하소서
배산임수(背山臨水), 풍수지리를 끼고 도는
수려한 산수가 휘감고
사모관대(紗帽冠帶), 벼슬을 화려하게 입혔어도
제 어미 묘비도 못 찾는
할미꽃보다도 못한 죄인이 되지 않게 하소서

평생, 불효자인양
고갤 숙이며 살지 않게 하소서

은하수

하늘 길이 열리고
하늘에 깊은 고랑길이 뚫리자
이쪽저쪽에서 둑이 터져
별무리 한데 모이고
동쪽에서 서쪽의 어느 변방으로
흘러가고 있구나

은하의 강, 어느 쪽엔가
먼저 가신 우리 어머니도 혼자 계셔서
우릴 기다리고 계실 텐데

저 적멸도 고우리
그 불빛, 그 물결

할머니 노점상

아파트 돌아서는 정문 귀퉁이에
일일장을 차려 놓고
꾸벅꾸벅 졸음을 세고 있는 할머니
종지 종지마다 담겨진 채소들이
시들한 할머니 어깨처럼 늘어져 있다

고객이 붐비는 대형 백화점이 가깝고
닷새 걸러 서는 오일장도 있지만
싸고, 인심 후하고
나른한 오후에 집 가까이 부담 없이 열리는
이동 골목 매장
떨이 팔아 봤자 노동자 반 품삯인데
하루 온종일 그 자리에서
똬리를 틀고 주름진 삶을 펴 놓고 있다

비가 오면
우산을 세워서 채소를 가리고
눈물 같은 함박눈이 펑펑 내리면
행여, 상할세라 노심초사
구겨진 투명한 비닐 천으로 덮고
정작, 할머닌 찢어진 비옷을 대충 걸치면서
하루의 여생을 팔고 있다

하루 이틀 만나다 보면
단골 고객도 쏠쏠하게 만들고
아들, 며느리 같은 자식을 보면
인정까지 덤으로 봉지에 가득 담아 주고
파장할 때쯤엔
묻고 돌아서는 토라진 손님
반찬 하라고 불러 세워 거저 주는 인심까지

중국산 밀려온다고 걱정할 것 없고
유효기간 지났다고 속여 팔지 않는
일일 유통기간에
신선한 채소만 파는 일일장

미리 주문하면 언제든지
약속을 칼처럼 지키는 신용 만점 매장이다

봄봄

이른 봄날, 언덕길
툭툭 튀어 나오는 산수유 때문에
봄 나무 가지마다
겨드랑이 속이 간지럽다

따사한 햇볕이 미끄러지는 자리마다
살갗이 터서
감추고 싶은, 비밀스러운 곳
자궁이 벌어지는 경망스러운 모습이
시야에 잡힌다

한 번 봄바람 불면
끌 수 없다는 동네 어느 어른 그 말씀이
하얗게 가슴에 꽂이는 밤
낡은 창문을 흔들며
봄바람 살랑살랑 일 때마다
내 마음도 음흉하게
벌써, 봄 나무 가지에 서성인다

제2부

게

늘 부끄러워
앞으로 달아나지 못하고
남이 볼까봐 옆으로만 뒷걸음질 친다

늘 할 말이 얼마나 많을까
입으로 오물오물 거리며
바다의 비린 언어를 계속해서 토해낸다
수평선 끝의 이야기며
바다 속의 용궁에 갔던 이야기며
모래 속의 비밀스런 이야기까지

포말 짓는 파도가 켜켜이 밀려오면
온몸으로 파도를 막아내려고
두 팔을 벌리며 어린아이처럼 좋아한다

햇살이 모래 위에 쪼개지며
바다의 염전이 농도를 더할 때 즈음
농익은 사랑을 뱉어 내며
계속하여 입으로 거품을 만들어낸다
이 바다 어디쯤
내 진실한 마음의 편지를 읽어 줄
숨겨 논 비밀스런 여인이 있다고

그러므로 게는 죽을 때까지
이 모래사장을 결코 떠나지 않고
행여나 누가 오면 그리운 이 인양
부끄러워 옆걸음질 치며
모래 속을 향해
푸른 사전에 찾아봐도 알 수 없는 언어로
오물오물 무어라고
계속하여 고백을 한다

광어

어느 바다의 밑바닥을 훑다가 나왔을까
온 몸에 모래를 뒤집어쓰고
두 눈만 살아 두리번거리고 있다
아직도 짭짭한 물기를 보면
등줄기를 타고
푸른 파도가 출렁거리는 듯하다

너와 난 어느 인연으로 만나
포식자와 피 포식자가 되었는가!

어느 비좁은 술집골목에서
홀라당 벌거벗고
고추장을 온 몸에 처바르고 접시에 누운 광어가
혀끝을 유혹하고 있다
힘없는 젓가락을 대는 순간
비린 고압전류가 온 몸을 타고 흐른다

오늘 밤
나는 힘든 하루를 그와 마주 대하고 있다
산호초가 넘실대는 바다의 지하층과
내 영혼을 맞대면서
그를 삼키고 있다
그와 나는 지금도 동해를 항해하는 중이다

오징어

태평양 망망대해를 헤매다가
어인 일로 동해까지 와서
한 생애를 마감하고
살면서 얼마나 원한이 많았으면
건조대에 일광욕까지 하며
짜디짠 독설을 뿜어내는가!

동해의 어느 물살을 가르는 것처럼
포효하는 수영솜씨
아직도 비릿한 냄새를 온몸에 축이며
먹물을 뿜고 있구나

축 늘어진 네 몸이 어느 날
어느 사창가의 골목까지 팔려와
코를 쏘는 초고추장에 버무려져
애주가의 입에서
오물오물 씹히는 모습이 선연하다

지금도 너는 동해바다를 출렁이며
먹물을 뿜어대며
헤엄치고 다니고 있구나

달링하버

사방이 물로 휘감고 있는데도 모자라서
도시로 물을 부은 곳이 있다기에
짧은 영어로 묻고 물어 숨바꼭질까지 했다

통역이 안 되고 영어가 서툴러
계속 발품을 팔았어도 다시 원점이지만
대서양에 휘감은 도시 안의 호반을 상상하며
입안에 달링, 달링하며
애원하도록 찾아다녔다

결국, 온길 모퉁이를 돌아 휘어지자
작은 로마, 베네치아의 상인이 흘리고 간
옛 도시가 펼쳐진다
예상과는 달리 한적한 콘크리트 바닥에
벌거벗은 바람만 굴러다니고
군데군데, 할 일 없는 연인만 스탠드에 앉아서
키스만 주고받고 있다. 부끄럼 없이

듬성듬성, 고풍을 그리워하는 사람들도 있다
눈만 조금 내놓고
형태를 알아볼 수 없이 몸에 페인트를 칠하고 서 있어
동상인지, 실제 사람인지 구분하질 못하다가

꾸물꾸물 일어나는 사람이 있는가 하면
머리에 억새가 핀 할아버지들이
아이들과 함께 놀이를 하면서 공연을 보이다가
모자를 들고 구경꾼 주위를 돌면
서슴없이 몇 푼의 공연비를 지불하는 인정을 보면
달링하버*의 넉넉함이 몸에 느껴진다.

육지 안의 호반이지만
어느 해안의 어촌에 온 느낌이 나는 도시
대양 안의 또 대양을 부어놓은
한가운데 구멍 난 도시, 달링하버
잿빛 구름이 도시에 드리우고
노을이 어느덧 삶을 지고 가자
도시의 불빛이 어둠을 삼키고 있다

조금 있으면 이 도시로 젊음이 쏟아져 나올 것이다

* 달링하버 : 호주 멜번 시내 쪽에 있는 도시안의 예쁜 호수(강)

호주 해안 기행에서

해안선 굽이굽이
파도는 창끝으로 길을 조각 하고
요동치는 속성으로
사람까지 다시 빚으려고 넘실거린다

그가 희멀겋게 토해내는 비린내를
대서양은 어머니 품같이 품고
태양은 공중에서 농약을 뿌리듯
농익은 빛을 바다로 쏟아내고 있다

가도 가도 끝이 없는 하늘과 바다의 만남을 찾으러
기름통을 여러 번 비웠건만
곡선의 도로는 수없이 펴지고 있어도
태초의 시작점은 찾을 수 없이 길다

느낌대로라면
사람을 보면 달아나야 할 돌고래들이
마치, 동물원에서 쇼를 보이듯이
내 가까이에서 자동차와 속도 경쟁을 하고 있다

언덕 너머, 멀리에선
하늘에서 떨어져 나온 조각구름이

푸른 초록 위로 무너져 내려앉고
평화를 되새김질하는 너그러운 소들과
오래전부터 익숙한 것처럼 이야기를 해댄다

수만 리, 남도의 쪽빛 바다
먼 동경과 사랑을 찾으러 일찌감치
푸른 바람은 흑진주를 꿰어 구르다가
시간이 멈춰선 대양 위에 풀어 놓고
그 남은 힘을 육지로 쏟아내
해안 너머로 달리는 나와 동행한다

흩어지고 모여지고
해저의 등고선을 그대로 유지한 해안선을 따라
난 초록빛 이야기를 마대에 듬뿍 담아서
귀국길에 오른다

가물가물 목침에 고인 섬
꿈과 희망의 미래 섬
이젠, 꿈속에 멀리멀리 두고 온 섬

파도

밤새도록 우는 저 울음소리
무슨 사연이기에 애절하게
내 가슴 언저리에
파란 멍을 지게 하는가

원한 맺힌 맹수처럼
바다를 한 입에 물어뜯는
소름 끼치는 분노
한꺼번에 토해내다가
다시 분을 삼키고 달려드는
이생에 맺힌 한
응어리 진 삶을 자맥질한다
어쩌다가 저렇게
끝까지 욕정을 버리지 못하고
이 곳까지 끌고 와
나에게도 무서움으로 다가서
파랗게 떨게 하는가!
이 밤도 거칠게 우는
저 알 수 없는 통곡의 사연
무엇일까

이 적막한 해변가에서
하얀 분말을 쏟아내고 다시 사라지는
저 괴물의 뒷모습
과연 무슨 슬픔을 안고 있을까

캐언즈에서

유네스코 지정, 세계에서 가장 청정하다는
호주, 맨 끄트머리
양귀처럼 볼록한 휴양지
캐언즈의 앞바다에 몸을 맡겼다

물살을 타고 휘감고 다니는
수면 위의 희귀종이
인간도 제 친구인양 마구 쪼아대며
입질하는 바다 주인들처럼
인간마냥 다른 생명으로 환생하고픈 것도 없을 게다
빨대를 달고 바다를 휘젓다
물을 뱃속에다 넣고 다시 뿜어댄다
그것도 부족하여
바다 밑바닥까지 훑고 다니는
프로 스킨스쿠버들의 날렵함이
감히, 대양의 나라 호주를 오염시키고 있다
썬 루프, 대서양에 뜬 항공모함
가는 세월을 잡을 수만 있다면
영원히 이곳에서 주저앉고 싶다
태양이 바다 가운데서 쪼개지고
잔잔한 물결이 조잘대는
무한한 수평선이 한없이 내려앉아 있는

낭만을 써 내려가는 나라
케언즈*는 바다 깊숙이 닻줄 두 개를 내리고
스스로를 정박하고 있다
자연의 물 때에 몸을 맡긴 채로
오늘도 철썩철썩 유유자적하고 있다

* 캐언즈 : 호주의 맨 위쪽에 있는 아름다운 휴양도시

본다이비치의 야경

호주 시드니의 해안 절경에
천국 같은 배경 때문에 애주가들이 모여든다기에
일부러 비치, 비치 물어가며
입에 붙여 외웠더니
사람들마다 내 손을 쳐다보며
비취 반지를 끼었나 하여 오해를 했다

본다이비치*, 아시아의 비치파라솔
여름 피서엔 동서양이 따로 없는 듯하다
될 만한 장소에 결합한 인간 만족과 자연의 조화
해안 절벽을 껴안은 불빛들이
시간의 절반을 과거로 돌려놓은 채로
불빛이, 술이 사람을 먹고 있었다
살짝살짝 몸에 붙은 간드러진 바람은
술의 독소를 날려가며
멀뚱멀뚱 술잔에 그냥 빠지게 했다

잠깐, 입술만 붙이고 간다는 것이
벌써, 몇 잔을 비웠는데도
인정 없이 자릴 일어나지 못하게 한다
비치의 야경과 묘한 기분이
이미 술에 희석되어 폭탄주를 만들고 있다

이생의 천국을 보고 있음이라
고기를 유인하기 위해서
해안에 찌를 띄운 것 같은 가물가물한 불빛이
활처럼 휘어져
불빛을 해안에 박아놓은 듯한 느낌이
비취 반지 속에 나를 가두고 있다

지금까지 동양의 이백이 살았다면
비치의 야경에 마음을 빼앗겨서
지금쯤, 대서양의 수평선에 수목장을 치루었으리라

그림도, 천국도 아닌데
맥주를 따르면 거품만 차올라 유혹한다
자연과 공기가 천국인 것 같다

* 본다이비치 : 호주 시드니 외곽의 절벽에 위치한 해안도시

12사도의 상*

— 호주 멜버른 여행 중에서

한적한 도로, The great ocean road를 따라
방향도 모르는 곳으로 미끄러져 내려갔다
고물소리가 날 정도로 부서지도록 달렸건만
길을 막고 선 방해물은 없었다
초보 운전자가 운전해도 넉넉한 길
무려 운전 여섯 시간 이상을 달려 나타난
아, 쪽빛 푸른 바다와 바위 상
마치 요단강을 맨몸으로 뛰어든 이스라엘 민족처럼
대양 한가운데를 건너다 멈춘 듯한 군상들을 보며
순교의 위대함이 가슴에 저려 왔다
그들은 내세의 기쁨을 위하여
지금의 고난을 참을 만큼
강한 심장이 있었다, 바다에 몸을 던질 정도로
나는 바위의 진상을 유심 있게 바라보았다.
두려움 없이 결연한
한결같이 순교의 길을 택했던 성서의 사도들이
성경 속에서 뚜벅뚜벅 걸어 나오는 것처럼
대서양은 성난 그들을 위해서
길을 비켜주고 있었다

언젠가는 이 도시와도 작별해야 한다
짧은 만남에 연연하지 말고

나 있는 곳에 너희도 오라는 주님의 말씀처럼
순례의 가시밭길을 가는 그들이 부럽다

회귀의 차는 달리고 있건만
머릿속엔 무언가 짓누르듯이 늘 빈곤했다
차라리 부러진 바위 상 맨 끝에
내 초상화라도 남겨두고 떠났으면 좋았으련만

* 12사도 상 : 호주 멜버른 도시의 외곽의 해안에 있는 12개의 바위상

필리핀의 여름 하늘

무더운 땀 냄새가 고무찰흙 같은 땅에 베인다
곳곳에 파리와 모기떼가 칭얼거리고
그냥 침묵하는 야자수는
하루세끼 밥도 못 먹었는지 힘없이 늘어져 있다
겨우 더위를 피해 엮어 맨
갈대 지붕 같은 집엔
어린 엄마와 태어난 지 얼마 되지 않은
고만고만한 갓난아이들이 낮잠을 설치고 있다
도저히 식을 것 같지 않은 필리핀의 하늘이
울음 몇 번 울더니만
고무판 같은 땅거죽을 뚫을 듯 비를 뿌려댄다
하루에도 이처럼 반복하며
몇 차례를 더 변덕을 부린다더니
이 땅에 꾸지람의 경종이런가!

불과 수십 년 전만해도
원조하는 부강한 나라의 모습이
원조 받는 신세로 변한 것은
만연한 부패와 잦은 혼란의 탓이 아닐까

하루에도 수만 명의 선교사가 오는 나라
빈곤을 친구삼아 살고 있는 나라

선진 문물을 받아들이는 것 같으면서
또 다시 토해내는 민족의 습성이
성경 육십 육권에 나오는 것처럼
하나님의 노기까지 불러내고 있다

또 소나기가 쏟아지려나.

시드니의 야경

세기의 빛을 모아다 놓은
호주, 시드니의 중심가, 하버브리치
과히, 유혹의 전시장이다

여명을 가장 먼저 보는 곳답게
노을을 삼켜버린 발광체들이
건물 뒤에 숨어 있다가 나타나
적당히 잔잔한 바다 물결과 조화를 이루고
때때로, 빛의 스펙트럼들이
수평선 위에 자르르 부서지고 있다

바로 옆에서는
비창을 창조한 오페라하우스가
바다 위에 누워서
고생대 퇴화된 어패류처럼 비닐을 세우며
빛의 향연을 감상하고 있다

하루를 마친 빛들이
흐트러진 퍼즐조각을 맞추고 있다

알맞게 취기까지 돌 무렵엔
부둣가 광장을 가득 메운 애주가들이

빨간 술잔을 들고
밤의 여신을 불러내듯 유혹하며
시드니*를 마치 황홀한 삼매경에 빠지게 한다

빛이 있으라 하시매
그대로 됐다는 창세기의 말씀처럼
하루의 첫날은 아마 여기서 만들어졌으리라

빛의 세기와 발열이 교차하며
이국의 밤을 태우고 있다
또 새로운 빛이 타고 있다

* 시드니 : 호주에서 가장 아름다운 중심가, 하버브리지와 오페라 하우스가 있음

구선봉 앞에서

155마일 지루하게 끝말을 잇다보면
더 이상 떨어질 수 없는 바다 끝
포화에 일그러진 채 낙타 등 모양으로
바다를 정박하고 있는 고생대의 화강암이
오늘도 통일을 구애하고 있다

나무꾼과 선녀의 전설을 굽이굽이 풀어내는
감호 못, 그 웅덩이
그 물, 그대로 담수한 채로
지금은 오색 빛 그리움에 지쳐 잠이 들고
섬마다 바다마다
주절이 주절이 태고의 구전을 담고 있는
점, 점, 점들
아득히 오래전에, 너무 멀리만 있던 것들이
꿈같은 현실로 아름답게 맺혀
작은 망원경 안으로
내 앞에 성큼 빨려 들어왔다

남쪽과 원산을 번갈아 포효하며
애잔한 가요를 실어 나르며 달리던 기차는
안타깝게도 다리 한 쪽이 잘린 채로
애환의 흉물로 변해 있고

햇살에 조잘대듯 펼쳐져 있는
아, 명사십리 해안선아!
달리고, 걷고 싶은 것이 오직 너 뿐이랴

이념이라는 언덕
사실, 엷은 각막을 벗고 보면
수도 없이 오고갈만도 한데
언제나 마음일 뿐
구선봉*은 황홀한 상처를 품은 모습으로
등대지기가 끌어다 놓은 고장난 선박처럼
오늘도 동해에 부유하고 있다
때론, 머리위에 수많은 보안등을 이고 있는 것처럼
움직이지 않고 있다

* 구선봉 : 강원도 고성군 통일전망대에서 바라본 북한쪽에 있는 바위산

옥계역에서

그 유명한 모래시계의 전운이 감도는
침묵의 간이역은
지금 이 순간에도 할 말이 없다
고요한 명상만이 흐를 뿐
한때, 세상에 감동을 주던 인기의 드라마 제목이나
잔잔한 스토리의 유적도 없다
수십만의 관중들을
거리에서 안방으로 끌어 모았던
흥행의 힘도 찾아보기 힘들고
그 때, 슬픈 그 눈물의 흔적도 없다
고요함만이 버려진 상념들을 끌어안고
마음을 달래고 있는 듯하다

지금도 끝없는 정적과 목가적인 어촌의 풍경에
한적하고 쓸쓸한 마음의 고향
언젠가, 어디선가 본 듯도 한
녹슨 철길 위를 나르는 고추잠자리와
정리되지 않은 초라한 역사
그 공간을 헤집고 다니는 보이지 않는 바람만이
원래 그 자리 주인인양
제 자리를 돌려줄 뿐이다

언제나 변치 않을 진리라
화려함이 끝나면 허무라고 했던가!
쓰다 버리면 된다고는 하나
가꾸고 보존할 줄도 알았어야 했을 것을
모래시계의 이야기가 사위여가면
옥계역도 영원히 사라질것이 아닌가

거진항 앞에서

한때, 트럭의 고무바퀴를 태우면서 달리던 해안 길 따라
오른쪽으로 급격히 허리를 꺾으면
물거품이 일던 항만의 좌판장이
오늘따라 너무 쓸쓸해 보인다

지난 날 반대쪽에서 항만을 바라다보며
포탄을 날리던 반암 모래밭은
허리가 반쯤 잘린 채로 야위어져 있어
이곳이 과연
포 진지인지 해변인지 분간이 안 간다

그 옛날에
해안 길, 불을 밝히며 호객행위를 하던
고깃배의 등불은 다 어디 갔는가!
휘황찬란하던 라스베가스의 거리처럼
불야성을 이루던 군사의 도시
좁지만 의기양양했던 해변 가의 모래톱
남는 교탄을 해변 창공을 향해 쏘아 올리면서
유년의 꿈을 상상하며
아! 낭만을 몰래 지펴보았던 그 자린
파도의 써레질에 쓸려 나갔고
투박하며 온순했던 실향민들은

어느 틈에 현실에 업그레이드 된 채로
누군가에 인정을 다 빼앗기고
이토록 야박해졌다 말인가

에둘러 다시 찾아온 길
도시는 낯선 간판들만 즐비한 채로
눈만 멀뚱멀뚱 뜨고
마치 초면인양 나를 반긴다

넘실거리던 파도의 물살에 맞아도
예전처럼 아프지 않고
왠지 힘을 잃은 듯하다

해안 파도

허연 이빨로 절벽 바위를 아삭아삭 물어뜯으며
요동치는 괴물의 성난 굉음을
소름끼치는 느낌이 아닌
먼 발치에서 듣는 것도 행운이랴

보지 않아도 되는 것을
듣지 않아도 되는 세상 번뇌의 신음을
미리 예행연습까지 하는 것은
보아도 들어도 차디찬 고통일 뿐이랴

파란 세상오염으로 가려진 물속에
무시무시한 하얀 속살의 날카로움으로
매일매일 가슴을 난도질하는
파괴자의 분노여!

격랑의 밑바닥에 찌꺼기
세상에 떠도는 부유물의 흔적을 지우기 위해
흔들고 때리는 분노자의 요동 앞에
무참히 쓰러지는 속물들이
그래도 저마다 잘났다고들 자맥질을 한다

저 속물들의 근성을 지우기 위해서
멀리 한 점 잔잔한 소요를 일으키며
몸을 키워 분노를 만들고 있다

버려진 응어리들이 구르고
수평선을 짓이기며
세상을 파괴하는 정복자들의 욕구가
또다시 출렁인다

바다는 노여움의 폭발로 몸살을 앓고 있는데
이생의 방관자들이 바다 주변에서
한심하게 나 몰라란 양
철썩철썩 박수만 치고 있는 꼴이란

소라의 소리

무슨 말을 하고 싶어서일까
죽어서까지
깜깜한 곳에 그 영혼
마음속 깊은 곳에 감추어 논
사랑의 밀어, 그윽한

그 깊은 속마음
분명, 남은 알 수 없는 절규의 소리일게다
미로 같은 달팽이 관 속에마다
깊이깊이 숨겨논
비밀스런 마음일게고
그 만의 꼭꼭 간직하고픈
수줍은 고백일게다

들으면 가슴이 에이는
심금을 뜯고도 남을
감홍이 이입된 플롯의 음정

언젠가는 연주하고픈
오페라하우스의 닫힌 창을 열고
그대를 울리고픈
그 사랑의 절정일게다

그대의 품안은
이름 모를 연주가들의 작은 공연장

오페라하우스에 대하여

거대한 크레인으로 떠 있는 부교를 설치한 것 같은 시드니, 하버브리치에서 바다거북이 같은 오페라 하우스를 처음 만났다

물에서 금방 뭍으로 나온 고생대 생물이 문명에 적응하지 못하고 놀라서 겁을 먹은 것 같았다

베토벤의 교향곡이 저 입에서 뿜어 나왔다는 신기함 때문에 호기심이 생겨서 가까이 다가갔다

놀랍게도 피를 흘리고 있었다
여기저기 이빨에 염증이 생겨서 성한 데가 없어 의사들이 치료를 하려고 큰 막대기로 부목을 하고 있었다

그 뿐만 아니었다
큰 쇠사슬로 묶어서 어디론가 데려가려고 하고 있었고,
까닭도 모르는 오페라하우스*는 놀라서 겁을 먹으며 눈물만 흘리고 있었다

슬펐다, 아니 불쌍했다
너무 지쳐있는 그에게 혹사를 시킨 우리를 향해 분노하고 있는 것 같았다

그것도 부족해서
오늘 밤, 가무와 술을 문 우리는
광란의 광장에 모여 앉아 노래와 연주를 해 달라고
아픈 그에게까지 요구하고 있었다

* 오페라하우스 : 호주 시드니 바닷가에 있는 예술의 전당

파도의 끝말

저 끝도 없는 자기장을 끌고
뭍으로 헤엄쳐 나와
모래 해변을 쪼아대는
작은 물보라를 보라!
비록 미세한 이빨이라 한들
언제든 맹수로 변할지 모르는
조용한 풍랑일 뿐

너울 성 송곳니에 한번 물어뜯기면
해변에 묻어 놓은 영혼까지 갉아먹어
아삭아삭 뼈마디가 부서지며
바다 속으로 빨려 들어간다

끝없는 수평선을 구르다가
이내 순식간에 포말로 부서지는
순수한 아름다움이라고
누가 그를 표현 했는가

저 사자새끼에 물려
영혼의 심장이 바다 속으로 사멸(死滅)되고
급기야는 넘지 말아야 할 선
뭍의 심장에 받아 놓은 생명선, 목책 안까지

넘실거리는 도도한 저 눈초리
음흉하다

오늘은 또 어느 모래성의 애절한 사연이
저 놈의 재물이 되어 나갈까

호박꽃 사랑

6월이면 고향집 도랑물 흐르는 소리가 들린다

더위를 데우는 여름 밤
돌담을 타고 오른 노란 사랑 꽃
가슴속을 후벼 파 놓고

집근처
뒷도랑 컴컴한 수풀 옆에서는
동네 여인네 들이 모여
목욕을 하며 수런거리는 소리
하늬바람을 타고 날아올 때
호올로 손길 내저으며
속사랑을 태우는 처녀같은 호박꽃

이 밤, 아무도 몰래
수줍은 젖가슴을 풀어 헤치며
잊혀진 여인의 그림자로 다가오는
노란, 호박꽃이 아룽거린다

까마득한 기억으로 나에게서 떠나간
그리운 유년 시절이
흑백사진 같은 설렘의 인연을 더듬으며

되돌이표로 돌아오는 6월이 온다면
이제는 대담하게 노출도 하고 싶다

하얀 운동화를 신고
검정색 학생복만을 고집하며 입던 추억이 아닌
댕기머리에 가르마를 타던
수줍은 소녀의 일방적인 짝사랑이 아닌
요염한 호박꽃처럼
능청스럽게 사랑을 고백하고 싶다

그 때처럼, 6월이 오면
노란 호박꽃 옆에서
그 시절처럼 두런두런 이야기 하고 싶다

물레방아

섭다리 마을 실개천 한가운데를 가로지른
유년의 소통 길 따라
하얀 그리움을 돌린다

방울방울 지구 위를 굴리며
추억을 떨어뜨리던
대형 수레바퀴는
이제는 지긋한 나이 때문인가
힘겹다

지금도 고함고함 소릴 지르며
기계의 이빨과 싸우고 있을 아저씨
바쁜 일손, 거리럭거린다고
반가운 인사대신 물건을 툭툭 차며
빨리 옮기라고 하면서
빨리 실으라고 호통 치던
마음 훈훈한 부지런함은 어디 갔을까

하늘에 입김이 하얗게 서도록 내뿜으며
하루를 되새김질하며 서성이던
누런 누렁이와
부지런히 기름 같은 물을 퍼 나르던

두레박, 또
좁은 소로 길의 추억

가난한 물레방앗간은
영원히 없어진 게 아니라
해마다 내 마음속에 돌아가고 있었다

저물녘 냇가에서

석양의 조각을 떼다가
고향 냇가에 담가 놓았다

밧데리를 일으켜 전류에 감전된 것처럼
물고기들이 하늘로 비상하며
다이빙을 하고 있다

마치, 날치처럼 날고 있다
주둥이마다
붉은 해 조각을 하나씩 물고
무지개 같은 빗살고운 무늬를 흔들고 있다

눈알은 외계인처럼 튀어나오고
놀란 가슴이
화석처럼 굳어져 공중에서
한 바퀴씩 곡예하며
몸에 붙은 물비늘을 털어 내고
가미가제식으로 무작정
다시 물속으로 돌진하고 있다

냇가 속엔 작은 소요들이 만들어졌다가
다시 사라지고

반복된 파장을 만들고 지워간다

그리고 어느덧
저 멀리에서 어둠을 태우고 있다
오늘 밤엔
지상에 소복이 내려온 달빛이
냇가 버드나무가지에 걸려 있겠다

얼마 후
독한 현기증을 일으키며
잔잔한 냇물이 비틀거리고 있다

낙조

빠알간 저녁놀이 수평선에 걸치자
거대한 가마솥에 담아놓은
대서양이 끓고 있다

대륙과 대륙을 잇는
발달된 주홍빛의 실크로드가
수평선으로 부터 수면위로 놓여지고 있다

천지창조만큼이나
지구가 벌겋게 상기되어
또 다른 생명이 생성될 것처럼
조짐이 일고 있다

띄엄띄엄
새털구름을 하늘에 붙여 놓고
저녁 새떼들은 무리지어
서쪽으로 날갯짓을 하며
노을 속으로 빨려 들어가고 있다

하루일과를 산산이 부수어가며
허무를 태우는 나에게
태초의 창을 여는 신비로움으로

갑자기 가슴이 울렁거린다
비단길, 실크로드를 타고
가슴을 연 나에게
누군가 사연을 들고 걸어오는 듯하다

자두나무에 대한 꿈

어릴 때, 우리 집도 옆집 윤호네 집처럼
과일나무가 많았으면 좋겠다는 바람이 있었다
과일을 조금씩 감질나게 나누어 주는 윤호가
밉지만 부러웠다
과일나무를 바라볼 때마다
윤호네는 늘 부자처럼 보였다

어느 날, 내 소망을 알았을까
드디어 아버지께서 자두 묘목 한 그루를 얻어 오셨다
뒷밭에 꿈을 심고 기다렸다
그런데 키 재기 하는 것이 너무 더디고
몸집이 아직도 야윈 것이 속상했다
하지만 어떨 수 없이
그렇게 몇 해를 참으며 잊고 살았다

그런 어느 해
드디어 가는 가지 끝에서
꽃을 피우더니 열매를 맺고
탐스러운 빠알간 자두가 열렸다
나는 금방 부자처럼 느껴졌다
태양이 자두 속에서 머무는 날은
석양을 먹어 삼킨 것같이 붉고 예뻤다

타는 목마름으로 갈증나는 여름 날
자두 한 개를 따 먹으면 만사 해결 되었다
가지가 뻗고 새들도 깃들었다
다음해에는 담을 타고
남의 밭까지 가지가 뻗어 나갔다
이제는 지키는 자로서 신경이 쓰였다
담을 타고 남의 밭으로 뻗어나간 과일이
우리 집 안쪽 과일보다 탐스러워 보였다
어느 때 부터인가
나는 윤호 보다 더 야박한 사람으로 변해가고 있었다
행여, 바스락거리는 소리만 나도
담 너머 쪽을 먼저 보았고
동네 꼬맹이들이 한 개씩 따서 달아나면
고래고래 고함을 지르고 했다
배품이 없고 점점 인색해 갔다
그런 연유 때문이었을까
어느 해부터인가 자두나무가 시름시름 앓기 시작했다
물을 주고 거름을 줘도 소용없더니
다음 해는 아예, 꿈을 지고 먼 곳으로 갔다
이제는 아이들도 자두를 넘보지 않고
내 마음도 자두를 지킬 염려가 사라졌다
신경 쓸 일은 없어졌지만

그러나 무엇인가 허전하고 쓸쓸했다

지금은 후회와 슬픔이 밀려온다.

제3부

신용카드

반나(半裸)의 거의 맨 살로
세상을 유혹하다가
볼 일까지 다 보고나면
이내, 꼬리를 감추고 어딘가로 사라지는
비밀번호로 굳게 잠가 놓았다지만
때론, 쉽게 열 수도 있는
허술한 창고지기에
내, 가진 달란트를 모두 맡겨 놓았네

월말 되면 날라 오는 휴지조각에
매번, 휴대폰 액정에 떨고 있는 문자 몇 자에
그냥, 도둑맞은 느낌마저 들고
왠지 씁쓸해지는 기분
돌아서면서 마음을 다 잡아보지만
요란스럽게 도금한 치장에
길들어진 능숙한 솜씨로 마음 또 움직이고
다시, 내 아파트 금고를 열고 있는
세상에 좀 도둑 따로 없네

내가 등 돌리고 누운 사이
내 지갑은 이미 그의 손으로 넘어가
몰래 동전까지 털고

빈 곳간만 살그머니 가져다 놓는
천하의 능청맞은
정부공인 사기 전문가라네

없으면 불편하고
안 만들면 덜 고상한 척 느끼는
통제 불편한 고리 대행업자
지금도 나도 모르게
통장 안에서 이리저리 수금하고 있네

입신(入神)

안개가 뿌옇게 커텐을 내린 밤중에
혼자 있는 나를 끌어들여
무아지경에 어디론가 데려가신
그 분은 누구신가요

끝없는 절벽 밑으로 떨어뜨리면서
혼까지 빼 놓으시고
우주의 넓은 하늘을 비행하기 위해서
독수리 새끼를 품듯 껴안고
비둘기보다 더 빠른 속도로 어디론가
나를 끌고 가신 분은 누구신가요

그리하여 죽음의 문턱
생과 사의 갈림 길에 다다를 때
내 혼미한 정신 줄을 깨우시고
어디선가
내 부르짖는 세미한 내 음성을 듣고서
죽음의 절망에서 건져내어 주신
그 분은 누구신가요

그렇게 하여
한번 닫히면 열 자 없다던

그 꿈의 문을 열어 주면서
이생으로 다시 돌아오게 하신
하늘도 땅도 다스리시는 당신은
지금 내가 찾고 있는 그 분, 아니신가요

노란 은행잎

언젠가도 기억도 하지 못할
채색된 언어
빛바랜 그리움이
책갈피 속에 고이고이
묻어 있었네

금방이라도 뚜벅뚜벅 걸어 나올 것 같은
수줍은 소녀의 미소 가득한
설레임, 아아, 지금도
가슴에 멍 지고 있었나

타임캡슐처럼 한번도 열어보지도 않은 가을엽서
지금에사
그 비밀의 언어 풀기 위해
노랑 퇴적층 몸을 풀어
이 가을 햇살에 말렸더니
내 가슴으로 고이고 있구나

단풍

파란 가을 하늘, 넓은 화첩에
빠알간 물감 점점이
찍어 놓았네
어쩌다가, 실수인양
맑은 옹달샘 밑에 쏟아낸
완성되지 못한 눈물 한 조각
누군가의 고백도
찬 파레트 위에 풀어 놓았네

무엇일까
저들이 하고 싶은 비밀스런 언어
그 숨어 있는 연서에 담긴
빛바랜 눈물은

영원히 이루어질 수 없는 견우와 직녀의 사랑처럼
과연, 시리고 차기만 하네

아, 지금까지도
지울 줄 모르고
미련을 담으며
두점, 둥둥 떠다니고 있네

코스모스

하늘의 따사로운 햇살이 내려와
잠깐 존 사이
충혈된 눈으로 화장하다가
그만 꿈결에
빨갛게, 하얀색으로 성형하고 말았네

떠돌이 바람의 유혹에 바람까지 나
하늘하늘 떨다가 지쳐
전에처럼 또 다시
사르르 곤한 잠이 드는
그런 순진한 속성이
이 계절 내가 꿈꿔온
가을 꿈인가

콩 타작을 하며

햇살도 여윈
산비탈, 거산에 가린 반나절 일조량
크다 만 콩을 베어 놓고
농심의 잔주름이 계곡처럼 깊다

도루께로 털 만큼도 안 된 수확량
옹기종기 돌담에 기대어
가을 일광욕을 하며 몸을 태우고 서 있는데
청량한 호수를 헤치고
낮달이 야속하게 민 낯을 내밀며
어둠을 재촉하고 서 있다

아직까지도 칠삭둥이 덜 여문 콩
하늘 원망하듯 땅에 내리치지만
어미 품 떨어지지 않으려는 양
비록 몸이 일그러질지언정
콩대에 대롱대롱 매달려 있다

반나절 만에 해치울 양이건만
농부의 마음은 바빠지기만 하고
완두콩 세 가족
떨어지질 않으려고
필사적으로 저항을 하고 있다

낙화

가을이 쏟아진다
누군가 흔들어 놓은 바람결에
파르르 떨며 이별하는
가을이 빚어낸 시편(psalm)

언젠가는 가야 할 통로를
네가 뿌려놓고 있구나

그 낙관을 지워가며
너를 따라 갈 날 분명, 있으리

만추(晩秋)의 서정

오동나무에 걸린 달이
바람에 오돌오돌 떨고 있는 늦가을 저녁에
달빛을 베어 물고 있는 마지막 잎새 하나
어느새, 내 어깨로 살며시 내려와
동병상련(同病相憐) 친구라며
울적한 마음을 달래주고 있다

어둠이 쌓이는 밤이 되자
외로움을 몰고 다니는 바람은 빈들에 모이고
수확한 황량한 빈 논에서
빈 곳간만 지키는 허수아비는 외롭게
머얼리, 성당에서 울리는
밀레의 종소리를 듣고 있다

누군가 전괴로 얻은 난가리엔
벌써, 소름끼치는 무서리가 하얗게 쌓이고

올 일 년을 정리하며 모아 논
가을걷이 수고로움을 태우는 모닥불이
하얗게, 어둠을 업어 타고
소롯이 소롯이 승천하고 있다

늦가을에

으악새도 슬피 운다는 으스스한 가을에
떠나가는 계절이 슬퍼서일까
신불산에 모아 논 억새들도 서걱서걱 울어대고 있다

지는 석양을 베어 물고
가을의 끝자락으로 모는 달력의 그림 풍경이
허전한 들판의 도화지 위에
신불산 억새로 쓸쓸히 채색되어 있다

통도사 산사의 목탁소리는
산울림을 타고 처량하게 올라가고
불타던 가을 단풍은 내려오다가
절간 해우소 옆에서 얼어 죽어 있었다

해는 하루를 서쪽으로 몰아가고
어둠이 쓸어내린 고요한 산사
태양의 부챗살을 일찍 접은 절간에
남해바다에서 이승을 건너온 물고기 한 마리는
정진이 부족한 까닭일까
절간 문턱을 넘지 못하고
대웅전 모퉁이에 아스라이 달려
이는 바람에 자신을 매질하고 있다

신불산 억새 그림 한 장 사이로
이쪽에서 으악새가 슬피 울고
커텐만 조금 열면
저쪽에선 이글거리는 해가 젖가슴을 열고 있다

이별과 환희의 중간 사이에서
늦가을이 조금씩 살점을 떼면서 야위어져가고 있다

보름달을 보며

한가위 전날 밤
고향마당에 저녁 한 상 푸짐하게 부려놓고
덕담을 지글지글 피우고 있다

시간을 물고 온 어둠 컴컴한 동쪽
보름달은 애간장 태우게 더디 나오고
뒷산마루에서 하늘을 향해
연일 돌직구만 날리고 있다

얼마나 몸짓을 불리며 수줍음을 탈까
기다리다 못해
곡주 첫잔 하늘로 띄우는 찰나
노오란 그리움이 하늘로 솟구쳐 오른다

일 년 전 빈 소원도 아직까지 받질 못했는데
또 탈나게 텔레파시 보내는 마음
넉넉한 이웃집 아저씨 같은 그에 대한
그리움 때문일게다

오늘도 무슨 생각을 하는지 다 아는 양
내 머리 위에서 베시시 웃고 있다

감호* 못(池)

전설 따라 삼천리, 굽이굽이
잊혀진 사연
천년, 만년을 지났어도
잠에서 깨어 나오질 않고
깊숙이 담수만 하고 있다

하늘로 올라간 나무꾼과 선녀, 두 사람은
다시 내려올 생각
조금도 하질 않고 있는데
미련할 만큼 우직한 연못
연민의 정, 아직도 남아 있어
퇴적물 그대로
천년이 되도 받지도 않고
흘려보내질 않고
강태공처럼 세월만 계속해서 낚으며
오로지
재림을 기다리고 있구나

* 감호 : 구선봉 아래에 있는 연못, 나무꾼과 선녀의 이야기로 유명

한지를 보며

어느 시대 때, 누구의 한이 스며있는지도 모를
박제된 고고한 냄새가
검은 붓이 가는 이랑마다
고농축, 응결된 몸을 풀어 헤치고 있다

베니다 합판처럼
비록, 제 살을 찢기는 한이 있더라도
전혀 용해되지 않던 조선양반의 고집스러움이
마치 궁합이라도 맞는 양
한올한올 뜯어내는 단아함

국향과 난향, 진달래의 핏자국도 보이고
또 어쩌면 영원히 묻힐 뻔한
이름도 모를 연인의 사랑도 동사된 채로
촘촘히 묻어 있다가
가녀린 떨림으로 내 폐부로 전이되고 있구나

속살이 보일 정도로 투명한 살결에
오늘까지
수수억년의 세월을 덧붙임 하면서
온갖 유혹도 많을 텐데
순결을 지켜온 고집스러움이여!

가난한 무학의 길을 걷지 않았더라면
나도 그를 만나지 못했을 것을
이고 진 짐을 부려놓고 보니
아, 거기엔 지금껏 눈에 보이질 않던
어머니같이 여성스러운
부드럽고 후덕한 진솔한 멋, 그것
자상함이 깔려 있었다

한지 속을 자세히 보니
조선의 여인이 뚜벅뚜벅 걸어 나오고 있다

종점에서

검은 어둠이 서리를 내린 늦가을 저녁 때
피곤을 한 짐 지고 온 막 차
하늘 이고 있는 첫 동네 둥구나무 옆에다
아무렇게 부려놓고
부담 없는 휴식에 들어간다

종점은 긴 휴식처이다
이 밤
누군가 시비를 걸 사람도 없고
달빛 무디어지도록
고래고래 소리를 지르면서
고물차라고 이동 주차 하라고 할 인간도 없다
어디선가 몰고온
달콤한 꿈결을 베고 자다가
어느 날 고급 백화점에서
한 아름 이고 갈
가족 선물들을 고르다가
그냥 깨면 되는
마지막 도착하는 종점에서

아침이면
다시 실려 보내야 할 것들과

실어 올 것들을 운반하는 것만 생각하며
또 떠나가는 곳이다

때로는 동녘에서 떠오르는
여명을 배달하는 우체부가 되어야 하는
마지막 차고지, 이곳

여명

황량한 광야에서
어둠이 쓰러지고 있다

저 멀리에서 먼동이 빠르게
빈 공간으로 쏟아지면서
빛을 옮기면
검은 안개는 잘게 부서지고

새벽마다
수탉은 담을 타고 지붕으로 솟아올라
우주를 생성한 하늘을 향해
횃대를 세운다

그동안 빛은 생명을 낳고
발자취를 남겨왔다

천지창조, 첫 날
다 만들지 못한 맨 처음의 일조량이
오늘 내 그리움 속에
완성된 빛으로 부서지고 있다

추운 극지방에선
햇살이 필요한 사람들이
일광욕을 하면서
빛을 몸에 저장하고 있다

석양의 일상

다 써버려 소모된 건전지처럼
서쪽 하늘에 떨어지는 노을은
적도 가까이로 더 떨어져
오늘 밤
자기 몸을 데워 전류를 재충전하다가
그리고 충분한 휴식을 하다가
다음 날에 또
적도 사람들이 쏘아 올린
빠알간 인공위성을 타고 동쪽으로 올라와
눈부신 태양으로 변화되어
우리 고향집 뒷산에 솟아오른다.

지구를 이탈하는 순간
1단의 추진체가 떨어져 나가 사멸(死滅)하고
정오의 오후가 되면
이글거리는 불덩이로 지구를 구어낸다
그런 후에 얼마쯤
해시계의 추가 저녁으로 진행될 때
자기 전류를 소모한 태양이
노인처럼 시름시름 다시 앓다가
겨우 수평선 줄을 붙잡는다.

아, 얼마나 힘을 쏟았을까
핏줄이 터져 선혈이 낭자하다

서해바다가 온통
핏빛으로 물들어 출렁이고 있다

허수아비

멀리서 쓸어오는 바람에
풍요가 벼 머리 위에서 자지러지고 있다
놀란 저녁새떼
타 벌린 영혼의 머리 위에서 서성이고 있다가
출렁이는 물결에 소스라친다

하루 온종일
야적한 창고 곳간을 지키며
힘겨운 고함을 고래고래 지르고 있다가
지칠 땐
참새처럼 찢어진 정장을 펴면서
공중에 웃음을 날려 보냈다가
어떨 때는
남루한 옷까지 바람에 날려
벌거숭이가 되고 마는
넉넉한 가을 지킴이

비록 일 년 계약직이지만
내년에도 들을 수 있는 저 외침소리
워이, 워이, 워~이
언제나, 들판에는 파수꾼이 있다

가을유수(流水)

몇 채 남지 않은 고향 마을에
높은 산마루에서 부터
가을이 쓸어 내려오고 있다
몇 칠전까지만 해도
먼 산에만 진 낙엽
얼마를 헤아리며 거슬러 왔을까

울 대문 앞에 서서
빨갛게 울며 서성이고 있다

자세히 가보니
계절의 차이 때문일까
목 밑에 하얀 무서리까지 내렸다

벌써 장독대 위에 찬 서리가 내리고
감나무 위엔 가을이
우물까지 내려와 있었다
얼마 후면
어디론가 데려갈 것 같다

산

침묵으로 쌓아온 자존심
보이고 싶지 않고
지키고 싶은 인내를
어쩔 수 없이 벌거숭이처럼 내 보일 때
마른 눈물 뚝뚝 흘리며
낙엽만 날려 보낸다

봄, 여름, 가을, 겨울
갖가지 그림도 그려 주고
드리운 검은 옷자락에
그림자를 품어도 보고
저녁 늦게야 비로소, 타는 놀 따라
세상을 날아다니다가 지쳐 돌아온
새들의 둥지도 틀어 주지만
아, 야속하게 품속을 떠난 그들
그러나
원망하거나 미워하지 않고
눈썹만 지그시 여미고
온종일
좌선하며 움직이지 않고 있다

그리움

하루 두세 번 정도 버스가 닿는 산골마을

숲을 헤치자 안데르센 동화 속에 나오는 조그만 산골학교가 모습을 드러낸다.

으슥한 바람이 갈 숲을 흔드는 어느 가을 날 저녁 때

오싹하게 쓸어오는 밤공기가 나와의 인연을 맺은 지가 벌써 반백 년.

오늘 밤처럼 달이 무디어지는 날에는 그날의 상처로 가슴이 더더욱 저며 온다.

오래전에 막차처럼 떠난 그녀가 다시 여기에 올 확률은 절망에 가까울 정도로 적지만

나는 무쇠처럼 미련한 마음으로 그녀를 기다린다.

그날에 마음에 꽂힌 그리움 때문에 지금까지 지켜온 비밀의 사연

빠알간 단풍잎이 늘어져 내린 마을을 볼 때마다 느낌이 같은 그 때와 지금의 감성

살다보면 그리움이 현실로 되는 인연이 오지 않을까

무서리

등굣길, 들판에 심은
노오란 국화 얼굴에
하얀 눈썹을 그려 놓았다

차디찬 색연필 그은 자국에
국화 한 송이 얼얼하며
몸을 가늘게 떨고 있다

오늘, 4교시 미술시간
꾹 눌러 그린 4B 연필이
동상에 걸려 부러지는 바람에
모나리자 그림에
검은 눈썹을 그리지 못했다

아니다, 하얀 화첩 위에다
하얀 무서리로 그려서
다만, 보이지 않았을 뿐이다

모나리자가 덜덜 떨고 있지 않은가

하현달

처음, 시집을 올 때
통통하던 엄마 얼굴처럼
열 다섯째 날, 터질 것 같은 보름달이
점점 더 비바람에
부대끼더니

어느 새, 하늘엔
엄마처럼 홀쭉해진 허리에
구름 침대에 의지해
겨우 비스듬히 누워서
가는 날만 기다리는
엄마 닮은 측은한 달 모양

상수리 묵

유년 때, 기억의 밑줄 친 한 줄
가물가물 떨어지는
가을날의 그리움이 생각 날 때는
나는 고향집 뒷산을 찾는다

태고의 신비로움을 품고 사는 상수리나무
몇 억년 되는지도 모를
그리움의 생식기를 끊지 않고
매일매일 떨 구어 주는 꿈을
가득히 품고 살던
아, 어릴 적, 철모르던 시절이
그리워서다

끼니의 절반을 차지하는
산골마을의 주식
물린다고 푸념 하던 할머니의 손 맛
하지만 그 때의 텁텁하던 입맛이
아직도 잇새에 끼어
지금도 그 그리움을 찾아서
머언 먼 신골
허술한 할머니 묵 집까지 찾아간다

그리고 그 옛날
까무잡잡한 촌놈처럼
아직도 사발채로 고향을 마시고 있다

제4부

성탄제

— 북녘봉우리에 설치한 성탄트리를 보며

하늘에 늘어진 빨랫줄 사이로
호롱불 몇 개
북풍한설을 얻어맞고
시린 몸 가늘게 떨다가
어느 실향민의 눈에 핀 눈물인양
호올로, 이 한밤
제 몸을 사르고 있네

아! 어쩌다가
그토록 뼈에 사무친 한을 못 풀고
불쌍한 영혼들이 힘겹게 매달려
캄캄한 사선 밖으로
희미하게 사그라져가는가!

적요한 어둠 속
구름 속으로 꼭꼭 숨은
하늘의 별 하나를 따다가
다시 불빛을 사르고
새벽 가까이까지
희망의 불씨를 피우자
그대 숨결이 호흡하고 있는 한
끝까지 멈추지 말고

조심 조심스레 사랑을 풀어
날려보자꾸나

동지엔

헤진 문풍지 파르르 떨며
칼바람, 문틈을 타고 스멀스멀 금단의 벽을 넘고
화롯불 시들어 가는 불씨 남기려
타다 남은 흰 사리를 다독일 때

하늘을 에일 듯한 칼 추위
서리서리 지상으로 텔레파시를 쏟으며
인류를 보금자리로 몰아넣고
먼 꿈나라로의 여행을 청할 때

앞산의 부엉이
슬픔의 여독이 채 풀리지 않은 듯
우중충한 수의를 입고서
밤이 새도록 상주의 독백을 홀로 풀고 있을 때

긴 밤, 호올로
자신을 사르고 있는 달집
채우고도 부족한 시간의 사탑을 세우며

이름 모를 소녀에게
완성되지 못한 연서의 공백을 메우고 있을 때

그래도 남은 시간을 위하여
가만가만 부엌으로 가서
씨알 두 개 넣고 팥죽을 끓이자

부엉이

한겨울, 컴컴한 어둠 속에서
밤이 새도록 침묵하며
기나긴 밤을 노래하는 시인이 되게 하소서

으스스한 고요를 깨치며
현악기에 장성곡을 타듯이
운명적인 작곡을 하며 가슴을 태우는
이 시대의 혼을 사르는 거성이 되게 하소서

겨울밤마다 찾아와
화롯불 한 가운데를 후벼 파며 지핀
옛 이야기가 지글지글 끓게
자장가를 불러주는 어느 모성이 되게 하소서

이 겨울, 추위에 떠는 가난한 자에게
가슴속, 난로가 되어주기 위해
목울대를 심연까지 떠는
따사한 선물이 되게 하소서

설야(雪夜)

밤새도록 이 밤을
침묵한 입술의 언어로
무어라고 끊임없이 풀어내더니
자지도 졸지도 않고
그가 그려낸 하얀 수묵화 한 폭

자유의 여신상 머리 위에도
비너스의 젖가슴 위에도
고탑의 교회 십자가 위에도
하얀 붓 자국 하나씩 올렸네

그 숨결
내 코 속으로 끌어다 놓았네

설국에 대하여

구전으로만 듣던 곳
옛날, 할아버지, 할머니가 머리맡에서 들려주던 곳
화롯불에 밤이 톡톡 튈 때
자장가를 앞세우며 한번쯤 가보고 싶은 곳

하늘에 닿을 듯한 노송이 빼곡히 서 있고
사시사철
사람 키 높이의 눈으로 덮인 곳
인간의 발자국을 남길 겨를도 없이
금세 지우는 눈에 또 소리 없이 내리는 곳
고요를 깨뜨리는 새의 울음소리를 들을 때
나무에 달린 눈송이들이
송홧가루처럼 허공에 하얗게 부수어지는 곳

북극의 거인들이
큰 족적으로 눈을 밟으며
날카로운 도끼로 하늘 닿은 노송을 찍어 넘기고
벤 나무를 어깨에 지고
더 깊숙한 마을 어디론가 빠르게 사라지는
시간이 잠시 멈춘 곳

비밀스런 사람을 미행하다가 발견한
하늘이 몰래 감추어 놓은
신기루, 눈 덮인 툰드라
동토와 만년설 또는 아라비아의 흰 성

겨울밤 자정이 넘어도 꺼지지 않는 오로라
몇 개의 별빛만 깜박이고
불이 없어도 밝은 곳
꿈을 베고, 이야기를 베고 자는 이들
세월이 놀러와 냉동된 까닭일까
나이를 물어봐도 벙어리 인양
대답을 할 줄 모르는 고대왕국 사람들
귀 시린 별 몇 개 유성만 긋고 있는 곳

동지

지루한 적막이 흐른다
누군가 풀어 놓은 고요를 쓸어 담지 못하고
거리에 방치한 채로 있어
밤이 무릎까지 쌓여가고 있다

아직도 풀지 못한 많은 꿈들이
허공을 배회하고 있고
연극의 막장처럼 끝도 없이
두툼한 이부자리 밑에서는
깨뜨리지 못한 혼미한 혼들이 계속 만들어지고 있다

거리를 헤매는 거지 바람은
방문까지 다가와서
무언가 문틈에 대고 울어대고 있다
벌써 허연 성에가 두텁게 끼고
그들이 핥고 간 유리 틈엔
얼음 국화꽃이 그리움처럼 활짝 피어 있다

오늘밤
혼불을 꺼지지 않게 지켜줄 부엉이 울음소리는
어머니의 자장가처럼 흐르고
불면증에 앓고 있는 사람도 없이

안식이 두껍게 내려 앉아
어디로 흘러가는지도 모를 미궁 속으로
빨려 들어가고 있다

이 밤, 호올로 지새우며
거기에서 나는 설렘으로
까마득한 유년시절에 헤어진
그리움을 만날 준비를 하고 있다

동천(冬天)

뾰두둥하게 입술이 튀어 나온
불만 가득히
무엇인가 할 말이 많은 듯한 겨울 하늘
푸르게 얼먹은 아이 볼처럼
느낌이 무감각해진 천연피부
팽팽한 긴장 가운데에
온몸은 소름이 솟아 잔뜩 위축이 되고
칼바람까지 귓가를 때려
살갗이 떨어질 듯 고통스럽다

저 멀리, 어디선가 브이자를 그리며
장엄한 사열을 하는 저녁 새떼
파리하게 초점을 잃은 석양 속으로
빨려 들어가고

동편 모퉁이에서
게슴츠레하게 눈을 뜬 초승달
행로를 이탈해 유영하다가
고향집, 감나무 마른가지에 겨우 걸려
시름시름 앓고 있는 찰나
길 잃은 유성 하나와 충돌하며 떨어져
하늘의 질서를 이탈하고 있다

눈만 뜨면 핀잔을 듣는 겨울호수
하늘에 눈을 과녁하면
희미한 눈동자 속에
아직도 그리움을 잊지 못해서일까
한 해를 넘기는 마음 언저리
어느새 홍건이 눈물이 괸다

한파(寒波)

어제 밤에 밖에서 덜덜 떨면서
엉거주춤 서성이던 추위가
오후의 나른한 햇살에
북극의 동장군을 말리며
언 몸을 녹이고 있다

북풍한설(北風寒雪)이라
지난 밤 꿈 조각도 맺히지 못하게 하며
불안의 씨를 번식시키고
뒤척이게 했던 불면증
이젠 석양의 그림자처럼 사위어가고

간간히 헛손질 하면서 달아나는
찬 바람결이 오히려
미안해하는 겨울날의 오후에는
게으름을 허공에 날리자

냉기에 찬 빈 하늘 우러러 보며
허허로운 벌판에서
날 수 없는 혼을 연줄에 심어
때때로 외로운 꿈을 줄줄 풀면서
창공에 쏟아 내린 햇살에
움츠린 희망을 날려 보내자꾸나

낮달

희미하게 자국을 남긴 낙관이
태양이 딴짓 하는 틈을 타
해질녘, 환하게 웃으며 나타나
하늘 못에 걸려있네

남몰래 혼자서
그리움 토해내던 말, 지우지 않고
아직도 쑥스럽게 남아있기에
재빨리, 누가 볼까봐 얼굴을 가렸지만
얼굴에 이는 홍조까지는
하늘 반쯤만 가리듯이
가릴 수는 없었네

어쩜, 보름달보다 밝을 수가 있을까
마음속까지 비추고
있네

능청떠는 저 낮달
부끄럽지만 밉지 않은 저 달

굴뚝

곰방대를 물고 있는 것처럼
그을린 그리움이 하늘을 향해 팔을 벌리고 있다

사자후를 토해내며
포호하던 거침없는 혈기는 어디로 가고
병색을 드러낸 늙은 환자처럼
듬성듬성 창자 속에서 별을 보면서
세월과 함께 늙어가고 있는가!

가난한 시절엔
젖은 청솔가지일지언정
구역구역 밀어 넣는 대로
온돌집 굴뚝, 검은 연기로 머리를 풀며
소화제 하나 먹지 않아도
평생, 보건소 문턱 하나 밟지 않았던
강철 같은 소화기능
지금은 고철 같은 포연으로 변하여
거미줄이 그리움처럼 치고 있으니

시집 온 새댁의 눈물도 담아내며
아궁이 속에서 지글지글 구어내던 아릿한 추억
그을음 떨어지듯 떨어지고

이제는 힘겹게 하루하루를 버티면서
세월만 세고 있다

함박눈

땅이 꺼지도록 눈을 내려 붓는다
이 밤, 누군가의 원한이기에 밤송이 만한 눈이
이토록 분노하는가!

그토록 타는 목마름으로
벙어리 냉가슴 안 열한 개월 동안
참았던 눈물을
한꺼번에 통곡하는 서설(瑞雪)
이 해(年)에 대한 응어리진 한
마지막 참지 못하고
온 몸을 덜덜 떨면서
시린 뭇매를 맞고 있구나

어쩌면 기쁠 틈도 없이
금방 녹는 한줌, 사연이건만
비밀한 표현의 몸짓인양
용해되어, 그 흐느낌이
무디어진 가슴으로 파고드는 전율
그대, 아직도 그 기다림의 향수
마음 밑바닥에선 멈추지 않고
숨소리로 들리고 있었구나

이 밤중, 절절히 사연을 풀고 있는
음흉한 여인의 발자국소리로
다시, 내 폐부에 전이되고 있구나

등촌(燈村)

선달 그믐날 밤
목가의 바랜 국화잎 박재된 문풍지 사이로
하얀 심지를 삼키며
여리게 몸을 떨고 있는
하얀 등신불

이 밤, 홀로 생명줄 태우며
온몸을 풀다가
그대의 눈물인 양
까만 사리를 뱉어내고
사라져 가는

어쩌다가 기운 밤 가까이
어언 죄이기에
까만 재를 태워가면서
자신을 불로 사르면서까지
호올로 이 밤 지새우는가

아직도 걷어내지 못한 어둠
고독을 뿌리치는 괴로움으로
고통을 뜯고 있는
혼미한 불빛

그리도 잠들지 못한 영혼들을 위해
캄캄한 안개 속에서
한줌 남은 정열을 쏟아
한줄한줄 밑줄을 채워가면서
여백을 메워가다가
아, 비로소 숨은 것 풀어내는
혼을 구어 낸 시 한수

어느덧
허허로운 벌판에서 몰아 온 먼동
새벽을 태워오고 있다

달력

숨어 있는 슬픔과 기쁜 날이
숫자로 변형되어
본 모습, 느낌을 감춘 채로 녹아
눈에 아룽아룽 거리고
세월은 숨도 쉴 겨를도 없이
열두 달을
숫자 사이로 비켜가고 있다

눈에 보이지는 않지만
바람도 흐르고
비도, 눈도 내리고
해도 늬엿늬엿 서산으로 지고 있다

가신 어머닌
3월이면 날 찾고 계신 듯하다

아버진 남이 뭐라든
더 잘 보이라고
제삿날만 빨간 동그라미를 치시고

고맙게도 누군가 잊고 지나갈까봐
내 생일이라고
희미한 볼펜자국을 남기고 갔다

첫눈 오는 날

퇴근을 하는 밤중에
차창이 뿌옇게 입김이 서도록
귀한 첫 손님, 설렘으로
수평과 수직으로 혼란스럽게 날리고 있다

하늘이 꺼져 내리는 것처럼
한꺼번에 흐느끼고 있다

머언 이국으로 먼저 가 있을 님이
이 눈발에 파묻혀 와서
차창 틈에 늘어진 줄을 따라
그리움을 조각하고 있다

따사로운 체온을 느낀다
입술을 가져가 대자
오랜 연인처럼
뜨거운 눈물을 하염없이 쏟아낸다

아직도 부끄러운 처녀 때 모습처럼
남이 보지 않는 밤중에
살짝 찾아왔다가
하얗게 흔적만 남기고 사라진다

까치집

여린 감나무 가지 끝에
흔들리는 바람의 집을 짓는다
얼기설기 나무를 쌓고
칼바람으로 서까래를 엮는다
바람도 쉴 틈이 없이 통과되고
마음이 걸러지지 않는
구멍 뚫린 겨울의 집
잠시 머물다가 다시 비워주는
나그네의 정거장 같은 집

짓다가 못 지면 남겨두고
누군가 남은 집 다시 지어주는
허공에 세운 지구의 허술한 집

구름도 마음만 주고 가고
하늘의 별들이 숨어버린 밤중
불도 꺼져버린 으슥한 빈 집

다 떠나버린 폐가 하나
허공에 흉물스럽게 앉았다

갈대

인간은 생각하는 갈대라고 하여
파스칼은 갈대를 여리다고 하였던가!

엄동설한, 칼바람 맞고서
서걱서걱 울지언정
한 번도 생명을 동상 걸린 일이 없는
마른 꽃 피워내며
이 한겨울, 발을 호수에 담구고
바람만 먹고도 견디는
하얀 노후여!

서서 죽은 듯 침묵하며
이 겨울 나는
외로운 겨울 꽃
강촌의 파수꾼이여!

언 하늘에 초승달은 기울고
높새바람 세차면
젊은 날 그리움에 복받쳐
서걱서걱 울어대고 있다

계룡산의 일출

멀리 지평선이 요동치고 있다
지구 밑에서 거대한 괴물이 나타날 조짐을 보이다가
다시 뜸 들이는 정적을 몇 번 반복하며
애간장만 태우다가
비로소, 천황봉 송전탑 사이로
빨알간 젖가슴을 풀어 헤치고 있다

계룡산 정상이 불에 타고 있다
아직도 새벽잠에 덜 깬 계룡산 봉우리들
눈꺼풀을 떼고 다시 돌아눕는 산위마다
지구의 핵을 뚫고 온 저 열들이
게으른 잠을 깨우고 있다
새벽 찬 공기가 허공에 부서지고
피가 거꾸로 솟아오르는 신열이 전이 되어
새벽이 고운 무늬로 어른거린다

마침내
검은 안개를 걷어내면서
밤에 막혀 보이지 않던 하늘 길이
갈지자를 그어내고 있다

오늘은 신년 첫 날
여명이 동네마을 지붕에서 부서질 때마다
하얀 잔설이 녹아내리고
아직까지도 희망의 꿈결을 피워 올리는 영혼들에게
나는 거기에다
무지개 하나 떨어뜨려 놓고 간다

대 숲에서

차가운 냉기가 흐른다
서릿발 같은 노여움만 수북하고
행여, 꾸중 들까봐
행동마다 노심초사한 까닭일까
정적만 일고 있다

대대로 종가집 뒷마당에서
대가족으로 모여
그동안 숨죽여 살아왔지만
아직도 기를 펼만큼 배움에선
적은 편에 속한다.

옷 매무새 하나, 흐트러짐 없이
고집스럽게 위로만 보고 살아왔기에
하늘 우러러
한점 부끄러움 없이
곧게 키만 세우고 있다

매서운 칼바람이 울어대지만
비록 벌거숭이로 살지언정
자기 살점을 떼어주지 않고
그 자리에 곧게 서서

조금도 자존심을 흐트러지지 않는다

그리고
마치 침묵의 속성처럼
스스로 고고한 내성을 잃지 않고
서서 묵상의 기도를 하고 있다

아무리 꺾고 흔들어도
그리움을 땅속에 깊이 박고
조선 선비의 정조를 스스로
지켜내고 있다.

곰배골 사람들

내가 태어나기 전부터
아득한 시절, 내 고향 산 너머 곰배골
야트막한 구릉의 양지에
구름만 데 불어 살고 있는 순박한
산 사람들이 살고 있었다

집집마다 땔 나무 가득히 쌓아 놓고
겨울이면 하얀 산에서
흙집, 사랑방 부엌에 앉아
실연기 모락모락 지피면서
짧은 해거름 쓸어오는 어둠과 함께
하루를 마감하는
하늘아래 첫 동네 사람들

유독, 긴 겨울밤
기름 냄새 빨아들이는 등잔불에 모여
코끝이 검어지도록
할아버지, 할머니가 전해주는 경전을 들으며
꾸벅꾸벅 졸던
내일을 걱정 하지않는 사람들

이제는 흔적도 없지만
바람 막아주는 산 밑에
납작 엎드린 하얀 초가집이
지금도 한 밤의 달과 별처럼 초롱초롱
내 상념에 가물가물 흔들리는 것은
무슨 까닭일까

Ⅱ 작품해설 Ⅱ

향수의 관조와 본질 탐구의 의지

문학평론가 이 종 희

1. 변화와 지속의 역정

문학의 한 갈래로서의 시문학은 허구라는 속성을 지니고 있지만, 여타의 장르와 비교하여 작가의 정서적 고백성이 강하다고 할 수 있다. 화자의 이름을 빌린 작가는 시 작품을 통해 자신의 경험을 토대로 한 사상과 정서를 드러내고 있기 때문이다. 비록 비유나 상징을 통해 화자의 관념이나 정서를 은밀하게 숨기고 있어도 상품을 가린 포장지를 뜯어내면 물품의 진면모를 알 수 있듯이 비유나 상징이라는 포장을 걷어내면 화자가 감추고 있는 관념이나 정서의 맨살을 볼 수 있는 것이다.

시 작품을 통해서 작가를 아는 것은 오프라인을 통해 직접 만나는 외형적 만남보다 내면적 깊이가 있고, 심미성이 있다고 할 수 있다. 그 만남은 항상 진지하고 고결한 가치가 있다. 그를 통해 그의 사상적 깊이를 규지할 수 있고, 정서적 심미안을 느낄 수 있다. 아울러 특정한 시인이 오랜 세월을 두고 심혈을 기울여 창작한 결과물이 세상에 선보일 때마다 그것을 들여다본다면 시인의 사상적 탈바꿈의 역정과 표현의 변화 양상을 파악할 수 있다.

서원생 시인은 다작의 시인이다. 불과 몇 년 사이에 벌써 4권이나 되는 시집을 세상에 내놓았다. 그가 비교적 짧은 기간 동안에 이렇게 많은 시 작품을 출산할 수 있었던 것은 단순히 왕성한 창작열이라고 말하고 말기에는 부족함이 있다. 어쩌면 그의 사생활이 창작의 에너지 축적에 온통 투자되고 있는 게 아닌가 하는 생각이 든다. 필자는 그의 첫 시집을 제외한 여타의 세 시집을 시간적 간격을 두고 순차적으로 거듭 읽고 감상하면서 떠오른 구절은 '변화와 지속'이라는 것이었다. 시인 본인의 고백처럼 지천명의 나이를 경과하여 이순의 고개를 바라보는 상황에서 그만큼 경험의 영역이 확장되고 사색의 깊이가 더해지면서 한층 더 원숙한 경지에 다다른 작품을 배태할 수 있었다.

청춘기의 열정이 충일한 시기에 창작된 시들은 그만큼 감정을 제어하지 못해 날카롭고 격정적인 어조가 그 중심을 차지했었으나, 연륜의 흐름이 장구해지고 경륜이 축적되면서 차분하게 자신을 돌아보고 감정을 절제하여 대상의 존재적 본질을 규명하고자 하는 자세가 두드러지게 나타나고 있다. 특히 이번에 세상에 나오게 되는 『질마재골의 뻐꾸기』 작품들에는 감정의 격랑을 거의 찾아볼 수 없다. 시적 대상을 의인화시켜 물활론적인 표현의 비율이 축소되면서 비유가 다양화되고 있다. 비유의 다양화는 시인이 경험하고 감지한 정서를 직접 표출하기보다는 심오한 사색을 통해 상상력을 실어서 대상의 속성 탐구를 통해 삶의 본질에 접근하고자 하는 의지의 표출이라고 할 수 있다.

시적 표현의 대상도 이전에는 자연을 주로 하고 있었으나, 일상적 소재로 확대되어 있고, 단순히 아름다운 존재가 아닌 일상

생활의 하찮은 존재, 다른 사람들이 시적 소재라고 인식하기 어려운 소재들도 당당히 주요 표현 대상으로 등장하고 있는 것이다. 이것은 그만큼 서 시인이 시 창작의 소화능력이 크게 향상되어 창작의 영토가 확장되고 있음을 입증한다. 또한 격렬한 감정을 초래하는 소재들을 피하고 관련된 대상을 통해 간접적으로 노래하면서 한층 더 차분하고 이지적인 내용으로 탈바꿈하고 있다. 정서의 직핍적 제시가 아니라 대상의 비유와 관조를 통해 보다 성숙한 경지를 지향하고 있다.

그럼에도 불구하고 그의 시에서 일관성을 보이며 변하지 않는 요소는 순수한 사랑이고, 그리움이다. 그것은 현실적으로 만날 수 없는 사람에 대한 그리움과 사랑이다. 문학의 영원한 주제는 사랑이라고 했던가. 서 시인에게 있어서도 사랑은 역시 주요한 제재가 된다. 그러나 그의 시에 표현된 사랑은 활짝 펼쳐져 있지 않다. 수줍은 처녀의 사랑처럼 보일 듯 말 듯 조금씩 알게 모르게 아니 은연중에 감지하도록 가려져 있다. 무언가 보일 듯 말 듯한 사랑의 감정을 살포시 표현하는 한국인의 전통적 사랑의 표현 방식을 유지하고 있다. 그 사랑은 강렬한 뜨거움도 가시고 미열을 앓는 인간의 모습을 하고 있다.

그는 전형적인 서정 시인이다. 어떻게 보면 고집스럽다고 할 만큼 서정시의 본령을 지키고자 한다. 사회에 대한 철학적 인식을 바탕으로 당대 사회의 어두운 면에 대한 비판의 잣대를 들이댈 만하지만, 아직까지는 그럴 낌새를 전혀 보이지 않고 있다. 다양한 감각적 심상을 통해 대상을 보여주면서도 그리움이나 사랑과 같은 전형적인 정서 표현이 주류를 이루고 있을 뿐이다.

서 시인의 작품에 등장하는 화자는 복수가 아니다. 언제나 단수이고 개인이다. 시적 담화의 내용은 지극히 개인적이다.

그의 시에서 화자는 겉으로 드러나지 않고 은닉되어 있다. 화자가 표면화되어 있지 않다는 것은 그만큼 화자의 정서를 직접적으로 드러내어 격한 감정을 표현하지 않는다는 것을 의미한다. 목소리에 열기를 감추고 차분하게 관조적 어조를 유지하고자 하는 노력의 산물이다. 청자도 겉으로 설정되어 있지 않다. 그의 시를 읽는 독자는 시의 청자가 누구인지 알 수 없다. 청자가 노정되면 화자의 감정이 격해지기 때문인가. 그는 개체의 감정이나 의식을 드러냄으로써 애초에 시대 상황에 대한 담론을 형성하는 사회의식에는 관심 밖임을 보여준다. 제재도 도시에서 흔히 볼 수 있는 물건이나 건물이 아니다. 과학 기술의 발달에 따르는 사회 구조에 대한 분석이나 세태에 대한 비판의식도 없이, 주로 시골이나 어촌 등 자연의 세계에서 접할 수 있는 사물이 중심을 이룬다. 제재만 가지고 성급하게 판단을 하더라도 그는 전형적인 서정 시인이라고 단정을 내려도 무방하다. 사물을 통해 분노, 저항감을 드러내지만 그것은 어디까지나 개체의 그것에 해당되지 집단과는 상관이 없다. 계층의식이나 현실 참여의식 따위는 더더욱 찾을 수 없다. 따라서 그의 시는 서사시도 아니도 문명비판적 색채가 농후한 주지시의 계열과도 동떨어져 있다. 그의 시 의식은 전통적이고 온건한 면모를 보이고 있어 보기에 따라서 보수적 색채가 농후하다고 말할 수도 있다.

2. 사물의 의인화 – 사물에 대한 따뜻한 시선

서 시인의 작품에 등장하는 사물은 단순한 자연물이 아니다. 사고 능력을 상실한 무생물이 아니다. 인간처럼 느끼고 생각하는 존재이다. 다시 말하면 사람과 다름이 없다는 말이다. 무생물도 사람처럼 감정을 갖고 이를 표출하며, 식물도 인간과 다름없이 상황에 대한 감정을 서슴없이 노출한다. 거름(〈거름〉)이 눈칫밥을 먹고, 옻(〈옻〉)이 인간의 피부를 들어 올리며 저항한다. 동네 냇가에 자라고 있는 버들강아지가 속눈썹을 열고 게슴츠레하게 눈을 비비고 있다.(〈해빙〉) 게(〈게〉)는 파도가 밀려오자 두 팔을 벌리며 어린아이처럼 좋아한다. 이 문장들의 주어를 인간의 이름으로 대체해도 전혀 무리가 없다.

시인이 자연물에 인격을 부여하여 의인화하여 감정 표현을 하도록 하는 것은 그가 목격하는 자연물에 대한 각별한 애정을 갖고 있음을 뜻한다. 사물에 대한 남다른 애정이 없다면 그렇게 감지 능력과 인지 능력을 부여할 수 없을 것이다.

침묵으로 쌓아 온 자존심
보이고 싶지 않고
지키고 싶은 인내를
어쩔 수 없이 벌거숭이처럼 내 보일 때
마른 눈물 뚝뚝 흘리며
낙엽만 날려 보낸다

—「산」 부분

가을 산의 풍경을 노래한 이 시도 역시 의인화되어 있다. 산은 우리 주변에서 볼 수 있는 입지전적 인물처럼 고통을 꿋꿋이 참아내며 자존심을 갖고 있으면서 침묵으로 지켜내고 있다. 계절의 상황에 녹음을 상실하고 눈물을 뚝뚝 흘리며 슬퍼하고 있다. 화자는 낙엽이 눈물처럼 떨어지는 가을 산을 바라보며 상실의 아픔을 간접적으로 표현하고 있다. 그러면서도 계절의 바뀜에 관계없이 산이 드러내 보이는 덕성을 찬양하고 있다. 인간에게 아름다운 풍경을 보여주고 겨울의 산자락에 그림자를 품어 보며, 새들의 안식처도 제공한다. 새들이 야속하게 산을 배반하고 떠났다 하더라도 그들을 원망하거나 미워하지 않고 야속한 감정을 절제한 채 수도승처럼 좌선을 하고 있단다. 산이 보이는 덕성은 이해타산에 따라 애증을 달리하는 현대 인간의 세태와는 판이하게 다르다. 어쩌면 시인은 산의 덕성을 통해 야박하기 그지없는 현대 사회의 각박한 풍조에 대한 간접적인 비판의식을 드러내고 있는 것이 아닌가 한다.

> 그토록 타는 목마름으로
> 벙어리 냉가슴 안 열한 개월 동안
> 참았던 눈물을
> 한꺼번에 통곡하는 서설(瑞雪)
> 이 해(年)에 대한 응어리진 한
> 마지막 참지 못하고
> 온 몸을 덜덜 떨면서
> 시린 뭇매를 맞고 있구나
>
> —「함박눈」 부분

겨울날 땅이 꺼지도록 요란스럽게 쏟아지는 눈보라를 소재로 한 작품이다. 이 작품에도 의인화 기법이 도드라져 보인다. 눈보라는 누군가의 원한의 상징으로 분노하면서 가슴에 응어리로 맺혀있는 한을 견디지 못하고 통곡하고 있다. 지표면에 닿으면 금방 녹아 없어질지라도 비밀한 반항을 하고 있다. 시인은 눈보라가 누구에게 원한을 갖고 분노하는지 왜 통곡하는지 그 정보를 제공해 주지 않는다. 시적 표현이 감정이입이나 객관적 상관물을 동원하는 기법을 화자의 정서를 형상화하는 것이라면 그것은 아마도 화자가 겪는 고통이고 슬픔이 될 것이다. 그 실

체에 대해서 시인은 독자가 자신이 처한 환경에 따라 상상력을 발휘하여 대입시켜 형상화하도록 촉구하고 있다.

하루 종일
야적한 창고 곳간을 지키며
힘겨운 고함을 고래고래 지르고 있다가
지칠 땐
참새처럼 찢어진 정장을 펴면서
공중에 웃음을 날려 보냈다가
어떨 때는
남루한 옷까지 바람에 날려
벌거숭이가 되고 마는
넉넉한 가을 지킴이

—「허수아비」 부분

보통 서정 시인에게는 시적 표현의 대상이 될 것 같지 않은 허수아비를 소재로 한 작품이다. 그는 인간들에게 특별히 주목받는 존재도 아니고, 아름다운 모습을 하고 있지 않는다. 벼가 익는 계절 잠깐 동안 설치해놓았다가 추수가 끝나면 미련없이 버려지는 하찮은 존재에 불과한 허수아비를 보고 시인은 시적 감흥을 일으킨다. 허수아비는 새가 곡식을 까먹지 못하도록 하기 위해 농민들이 만들어 설치한 농촌에서 가을날 흔히 볼 수 있는 풍물이다. 이 작품의 허수아비도 인간다운 행동을 여지없이 드러내고 있다. 그는 고함을 고래고래 지르기도 하고 공중에 웃음을 날려 보내기도 한다. 바람에 흔들리는 허수아비를 보고 새들이 겁을 집어먹고 벼에 접근을 하지 못하게 한다. 그는 농부들이 한 해 동안 피땀 흘려 농사를 지어놓은 들판의 곡식을 지키는 파수꾼이다. 그렇지만 한 해 가을철만 쓰고 이용가치가 없어져 버리고 다음 해에 새로 만들어 사용하는 것이기에 일 년 계약직에 불과하다는 평가를 받는다. 여기에서도 시적 대상을 바라보는 시인의 따뜻한 시선을 엿볼 수 있다. 이 작품에서 그려지는 허수아비의 행동은 유익하기도 하지만 귀엽기도 하기 때문이다.

3. 애틋한 그리움과 아련한 사랑

그가 이번에 상재한 네 번째 시집인 『질마재골의 삐꾸기』 에도 그가 과거에 상재한 시집에서와 마찬가지로 사랑이 핵심 메뉴로 등장하고 있다. 그것은 부모에 대한 사랑이기도 하고, 고향에 대한 사랑이기도 하다. 그런가 하면 유년 시절 정답게 지냈던 친구에 대한 사랑이기도 하다. 그런데 여기에 등장하는 사랑은 현재의 사랑이 아니다. 시간적으로 멀리 떨어진 과거에 존재했던 사랑이기에 열기나 아픔이 많이 가셔 있다. 사랑의 열정이 끓어 넘치는 격한 감정이 숨겨진 대신 애틋한 그리움으로 변신하고 있다.

단명의 고귀한 삶이
비록 한이 되었을 뿐
후회하는 것은 결코 아니거늘

평생 가실 것 같지 않으시던 인생길
그리 서둘러 가시느라
생애, 기쁨의 반대편에만 서서
늘 걱정만 안고 사셨거늘

이젠, 영멸의 제2인생의 삶이랑
초록빛 푸르름 더불어 안식을 공유하며

평생, 누운 자리엔
양지로만 똬리를 튼 채로
늘 부자로만 사셨으면 하거늘

산다는 것, 짧은 나그네길
언제나 고행의 삶이라더니
누운 그 자리에선 삶의 욕심은 접으시고
이생의 흔적일랑
부디, 돌부리 하나라도 잊었으면 하거늘

—「어머니 무덤 앞에서」 전문

각 연의 마지막 행에서 통사구조의 반복을 통해 리듬을 형성하고 구조적의 안정감을 이룬 이 작품은 단명의 삶을 살고 총총히 가신 어머니에 대한 추모의 감정을 노래하고 있다. 천수를 다하고 가셔도 남은 식구들에겐 슬픔이 가득한데 비교적 젊은 나이에 가신 어머니의 삶에 대한 회한의 감정을 '-면-하거늘'이라는 가정의 어미에 앞 내용과 대립되는 의미를 요구하는 어미로 거듭하여 표현하고 미완결 어미를 사용하여 진한 정한의 감정을 더하고 있다.

고인의 길지 않은 인생 역정도 기쁨보다는 슬픔과 걱정으로 점철되어 버렸기에 당신의 무덤을 바라보는 화자는 가슴이 더욱 아프기만 하다. 생존 시에는 영원히 죽지 않고 가족과 생을 같이 하리라고 믿었는데, 전혀 뜻밖에 총총히 찾아온 모친의 죽음 앞에 인생의 허무함과 무상함을 금치 못한다. 이생에서는 타고난 복이 없어서 고통과 번민의 나날을 면치 못하고, 저승에서나마 그것을 모두 잊고 편안하게 사시기를 간절히 바라는 마음이 기원의 어조를 통해 효과적으로 표현되어 있다.

인간은 망각의 동물이라고 했던가. 세월의 흐름과 함께 단장의 애통함도 가라앉고 추모하고 안식을 기원하는 마음을 격정의 어조를 자제하고 차분한 목소리로 설득력 있게 읊조리고 있다. 그것은 단순한 시간의 경과에 따른 망각의 탓만은 아니리라. 격렬한 감정의 직접적 표출을 자제하고 애틋한 회한을 순수한 서정에 담아 표현하고 있다. 이와 같은 기법은 창작의 경륜이 축적되면서 대상을 관조하는 원숙미를 보여주는 것이라고 판단된다.

하루 두세 번 정도 버스가 닿는 산골마을
숲을 헤치자 안데르센 동화에 나오는 조그만 산골 학교가 모습을 드러낸다.
으슥한 바람이 갈 숲을 흔드는 어느 가을 날 저녁 때
오싹하게 쓸어오는 밤공기가 나와의 인연을 맺은 지가 벌써 반 백 년
오늘 밤처럼 달이 무디어지는 날에는 그날의 상처로 가슴이 더더욱 저며 온다.
오래 전에 막차처럼 떠난 그녀가 다시 여기에 올 확률은 절망에 가까울 정도로 적지만
나는 무쇠처럼 미련한 마음으로 그녀를 기다린다.
그날의 마음에 꽂인 그리움 때문에 지금까지 지켜온 비밀의 사연
빠알간 단풍잎이 늘어져 내린 마을을 볼 때마다 느낌이 같은 그 때와 지금의 감정
살다보면 그리움이 현실로 되는 인연이 오지 않을까

—「그리움」 전문

이 시는 화자가 지천명의 나이에 이르러서도 잊지 못하는 사람에 대한 그리움을 노래하고 있다. 궁벽한 마을을 공간적 배경으로 하고 가을 달밤을 시간적 배경으로 하여 소멸의 이미지를 구축함으로써 임으로부터의 소외감과 사랑의 상실감을 보다 효

과적으로 부각시키고 있다. 그리움의 소중함을 화자는 '마음의 꽃'이라고 비유하여 표현한다. 반평생 가슴 속에 간직하여 결코 잊지 않았지만 다른 어느 누구에게도 털어놓은 일이 없는 비밀한 사랑이었기에 그는 더욱 소중하게 여겨진다. 화자는 달이 이지러지는 날에는 임과 이별의 순간들이 떠올라 오랜 세월이 지난 지금에도 쓰라린 상처로 인해 저미는 아픔을 느낀다. 이별의 상처가 아프다고 화자는 통곡하지 않는다. 큰소리로 비명을 지르지도 않는다. 고통을 드러내기는 할지언정 울부짖지 않고 격한 감정을 노정하지도 않는다. 그저 그리움의 감정을 고이 간직한 채 마냥 기다릴 뿐이다. 그녀가 다시 돌아와 재회하여 사랑을 이룰 가능성은 전혀 없지만 그는 남들이 보기에 미련하다고 조롱할 만큼 무쇠처럼 변치 않고 마냥 기다린다. 확신은 갖지 못하지만 기다리면서 소망이 이루어지기를 바란다. 시인은 감정의 직접적 토로가 아니라 화자의 행동을 통해 간접적으로 사랑의 감정을 진하게 표현함으로써 감정의 깊이를 유추하도록 하고 있다. 타인들이 보기에도, 아니 화자 자신이 인정하듯이 미련할 정도로 오랜 세월을 기다리는 실속 없는 행동을 통해 그 그리움이 얼마나 간절한지를 선명하게 보여준다.

내, 삶의 터를 심고 나온
푸르름 가득한 청산의 골짜기
바쁘게 고향 떠나느라
혼자 외로이 남겨둔
그 옛 벗, 한 번만 만나거든

미나리 필 때, 아지랑이 올라오던
검은 거름 내며 가꾼
기름진 질마재골의 계단밭에서 듣던

구성진 그의 음성을 다시 듣거든

—「질마재골의 뻐꾸기」 부분

이 시는 유년시절 고향 마을의 뒷산에서 보았던 뻐꾸기를 제재로 하여 고향 산천에 대한 그리움의 정서를 형상화하고 있다. 뻐꾸기는 산속을 한 번도 벗어나지 못한 산울림의 은둔자이다. 그만큼 세속에 물들지 않는 순수 그 자체를 유지하고 있는 존재이다. 그렇게 지고지순한 존재이기에 그리움의 감정이 더욱 진하게 다가온다. 그에 대한 애틋한 그리움을 보다 강조하기 위해 옛 벗이라면서 의인화하여 한 번이라도 만나고 싶어하고, 구성진 음성을 듣고자 한다. 그가 그려낸 고향의 모습은 거름냄새, 흙 내음새 물씬 풍기는 전통적 농촌의 공간이다. 산골 마을의 전형을 보여주는 그의 고향은 산비탈의 경사가 급하여 골짜기의 계단밭으로 이루어져 있다. 화자는 농사를 지으면서 듣곤 했던 뻐꾸기의 울음소리를 환기하여 향수를 달래려고 하고 있다. 그 그리움의 절정은 친구가 되는 것으로, 울음소리를 아름답고 그윽한 음악으로 변신시켜 애타게 찾는 것으로 표출되고 있다.

4. 순수 지향의 서정

서 시인의 이 시집에 나타나는 또 다른 특징은 순수한 정서의 표백이라고 할 수 있다. 속세의 때가 묻어있는 오염된 세속인에게는 순수란 말이 어리석음의 별명이 되기도 한다. 타인을 순수하다고 평가는 곧잘 하지만 그것은 진정한 의미에서의 칭찬하는 말이 되지 못한다. 성과를 중시하고 능률을 지상과제로 치부하는 세상에서 순수란 말은 하찮은 존재에 불과하다. 그의 시에 유독 부끄러움과 수줍음 및 죄의식을 강조하는 시어가 빈

번하게 등장하는 것은 그만큼 순수 지향의식이 강하다는 것을 방증한다.

구전으로만 듣던 곳
옛날, 할아버지, 할머니가 머리 맡에서 들려주던 곳
화롯불에 밤이 톡톡 튈 때
자장가를 앞세우며 한번쯤 가보고 싶은 곳

하늘에 닿을 듯한 노송이 빼곡히 서 있고
사시사철
사람 키 높이의 눈으로 덮인 곳
인간의 발자국을 남길 겨를도 없이
금세 지우는 눈에 또 소리 없이 내리는 곳
고요를 깨뜨리는 새의 울음소리를 들을 때
나무에 달린 눈송이들이
송홧가루처럼 허공에 하얗게 부수어지는 곳

— 「설국에 대하여」 부분

이 시는 유년 시절의 그리움과 세속을 벗어난 순수를 노래하고 있다. 화자는 화롯불에 밤을 구워 먹으며 할아버지, 할머니로부터 옛날이야기를 듣던 것을 회상한다. 할아버지, 할머니의 다정한 자장가를 찾아가고 싶고, 손자를 귀여워하던 이들을 그리워한다.

그 세계는 인류의 문명이 닿을 수 없는 첩첩산중으로 눈이 사시사철 사람의 키만큼 쌓이는 곳이다. 산중의 고요를 깨뜨리는 것은 인간의 힘이 아니라 새의 울음소리뿐이다. 인간의 발이 닿지 않는 설국이야말로 원시적 순수가 아니던가. 화자는 인간의 욕망과 문명의 때가 묻지 않는 순수의 세계를 지향하고 있는 것이다.

그 깊은 속마음
분명, 남은 알 수 없는 절규의 소리일게다
미로 같은 달팽이 관 속에마다
깊이깊이 숨겨논
비밀스런 마음일게고
그 만의 꼭꼭 간직하고픈
수줍은 고백일게다

—「소라의 소리」 부분

화자는 예민한 촉수를 동원하여 소라의 소리를 듣는다. 그 소리는, 달팽이 관 속에다, 영혼 깊이 감추어놓은 비밀스런 사랑의 밀어이다. 언젠가는 닫혀있는 오페라하우스의 창을 열고 교향악을 울리는 것처럼 임을 감동시키고자 하는 사랑의 열정을 의미한다. 그러나 아직은 남에게 드러내 보이고 싶지 않은 비밀로 수줍은 고백을 통해 남모르게 살며시 엿보이게 하고자 한다. 현대인들은 수줍음을 상실하고 있다. 뭇 시선에 아랑곳하지 않고 사랑의 행위를 과시할 만큼 과감해졌다. 전근대 사회에서는 사랑의 언어를 함부로 내뱉지 못했으나 현대를 살아가는 인간들은 'I love you'를 공간을 불문하고 부끄러운 줄 모르고 서슴없이 표출한다. 그러나 그 사랑의 감정은 지속적이지 못하고 일시적이고 찰나적이다. 때로는 이해 타산적이기도 하다. 사랑의 감미로움이 사라지면 지체없이 결별한다. 하지만 소라의 사랑은 비밀스럽고 수줍은 것이다. '소라'를 전통시대의 여인이라고 바꾸어 놓아도 조금도 어색하지 않다. 그만큼 소라의 소리에 담겨있는 사랑의 감정이 순수함을 뜻한다.

언젠가는 기억도 하지 못할
채색된 언어

빛바랜 그리움이
책갈피 속에 고이고이
묻어 있었네

금방이라도 뚜벅뚜벅 걸어 나올 것 같은
수줍은 소녀의 미소 가득한
설레임, 아아, 지금도
가슴에 멍 지고 있었나.

타임캡슐처럼 한번도 열어보지도 않은 가을 엽서
지금에사
그 비밀의 언어 풀기 위해
노랑 퇴적층 몸을 풀어
이 가을 햇살에 말리더니
내 가슴으로 고이고 있구나

—「노란 은행잎」 전문

화자는 십대의 청순하기만 했던 학창 시절 가로수가 열병식을 하듯이 서 있는 길에서 주워다가 고이 간직했던 노란 은행잎을 성인이 되어 문득 들여다보고 아련한 추억에 잠긴다. 풋풋한 사랑의 추억이 아롱져 있는 그 날의 은행잎을 쳐다보며 첫사랑의 설레임과 아픔을 다시금 맛보게 된다. 화자는 중년의 고개를 이미 훌쩍 넘겼으면서도 풋풋한 소년 시절로 돌아가 순수한 사랑의 정을 되살려보고자 한다. 타임캡슐에 넣어 지하에 깊이 오랜 세월을 보관한 듯이 책갈피에 끼워져 망각 속에 갇혀서 박제가 되어 있던 은행잎을 이제사 발견하고 가슴에 멍처럼 아프게 다가옴을 새삼스럽게 느낀다. 햇수를 계산하기조차 어렵도록 오랜 세월이 흘렀지만 잃어버린 첫사랑의 상처가 가슴에 든 멍처럼 아프기만 하다. 이 시는 세속의 때가 묻어 물질적 욕망의 노예가 된 채 만남과 헤어짐을 너무도 쉽게 하고 떠나버린 사랑에 별로 미련을 두지 않는 현대인들에게 욕망의 찌꺼기를 닦아 내고 순진무구한 동심의 세계로 돌아가도록 하고 있다.

토담을 넘어
능청스런 늑대처럼
내 옷깃을 열고 폐부로 전이해 오는
도도한 붉은 저 전류
강한 볼트에 온 몸이 감전이 되어
일상의 정열도 빼앗기고 말았네

오호라, 내 마음속에
실핏줄처럼
사랑을 지필 전선이 깔려 있었구나

—「장미」 전문

시골 토담 너머에 피어있는 장미를 소재로 한 작품이다. 장미는 사랑을 상징한다는 관습적 상징을 그대로 사용하되 사랑의 감정에 휩싸이는 것을 전류에 감전되는 것으로 표현함으로써 참신성을 획득하고 있다. 장미를 보고난 사랑의 충격을 가슴속에 사랑을 지필 전선이 깔려있는 것으로 표현하여 정서적 감흥을 효과적으로 형상화하고 있다. 이것은 중년을 넘어선 나이에 일으킬 수 있는 감흥이라기보다는 청춘의 그것이라고 생각되어 젊은 날의 순수한 사랑의 향수가 드러난 것이라고 여겨진다.

5. 사라진 대상에 대한 애틋한 그리움

그는 1960년대 이후 이루어진 근대화, 산업화로 인해 이농현상이 급격하게 일어나 농촌이 공동화되고 황폐화되면서 사라져 버린 것에 대한 그리움과 상실의 아픔을 노래하고 있다. 특히 농촌을 버리고 도시로 이주한 사람들 때문에 주인을 잃어버린 농촌의 집들이 버려진 채 폐허가 되어 버렸다. 버림받은 농가는 너무나 을씨년스럽고 죽음의 그림자마저 낮게 드리워 음산하고 괴기스럽기조차 하다.

여린 감나무 가지 끝에
흔들리는 바람의 집을 짓는다
얼기설기 나무를 쌓고
칼바람으로 서까래를 엮는다
바람도 쉴 틈이 없이 통과되고
마음이 걸려지지 않는
구멍 뚫린 겨울의 집
잠시 머물다가 다시 비워주는
나그네의 정거장 같은 집

짓다가 못 지면 남겨두고
누군가 남은 집 다시 지어주는
허공에 세운 지구의 허술한 집

구름도 마음만 주고 가고
하늘의 별들이 숨어버린 밤중
불도 꺼져버린 으슥한 빈 집

다 떠나버린 폐가 하나
허공에 흉물스럽게 앉았다

—「까치집」 전문

까치집의 속성을 화자의 감정을 표면적으로 이입시키지 않은 채 묘사의 기법을 활용하여 노래한 시이다. 감나무 가지에 나무의 잔가지를 얼기설기 놓아 엉성하게 지은 집. 촘촘하게 짓지 않아 칼바람도 쌩쌩 통과되는 집이기에 추위를 전혀 피할 수 없는 지경이다. 부실하게 지은 집이기에 나그네가 임시로 거처하다 가는 여관처럼 잠깐 동안 살다가 떠나는 곳이다.

까치가 머물다 떠난 집은 이농 현상으로 인해 농촌에 버려진 폐가처럼 황량하기 그지없다. 허공에 흉물스럽게 앉아있는 그 집을 바라보는 화자는 을씨년스럽고 스산한 마음을 금치 못한다. 시가 작가의 내면 고백이라고 한다면 구름도 떠나가고 하늘에 별들마저 보이지 않는 불빛도 없는 한밤중의 빈집에 버려져 있는 까치집을 통해 무언가 소외감을 느끼는 화자의 감정이 간접적으로 투영되어 있는 것은 아닌가 생각된다.

한가위 전날 밤
고향 마당에 저녁 한 상 푸짐하게 부려놓고
덕담을 지글지글 피우고 있다

시간을 물고 온 어둠 컴컴한 동쪽
보름달은 애간장 태우게 더디 나오고
뒷산마루에서 하늘을 향해
연일 돌직구만 날리고 있다

얼마나 목짓을 불리며 수줍음을 탈까
기다리다 못해
곡주 첫잔 하늘로 띄우는 찰나
노오란 그리움이 하늘로 솟구쳐 오른다

일 년 전 빈 소원도 아직까지 받지 못했는데
또 탈나게 텔레파시 보내는 마음
넉넉한 이웃집 아저씨 같은 그에 대한
그리움일게다
오늘도 모슨 생각을 하는 지 다 아는 양

내 머리 위에서 베시시 웃고 있다

—「보름달을 보며」 전문

참신한 비유와 시간의 흐름에 따른 시상 전개가 어우러진 이 시에서 화자는 어린 시절 고향의 추석 명절의 모습을 노래하고 있다. 그 옛날 우리 선인들은 '더도 말고 한가위만 같아라'고 말하곤 했다. 절대 빈곤으로 인해 먹을 것이 태부족이던 시절 농촌 사람들이 자나 깨나 바랐던 것은 양식 걱정 안하고 배불리 먹는 일이었다. 마당에 짐을 부리듯이 먹을 것을 한 상 푸짐하게 부려놓고 덕담을 주고받는 분위기가 얼마나 풍요로운가. 오곡백과가 탐스럽게 익어 미처 먹지 않아도 배가 부르게 느껴졌으리라. 찌개를 끓이듯이 덕담을 지글지글 피워내며 탐스런 한가위 보름달이 떠오르기를 애타게 기다리던 유년 시절의 천진함이 손에 잡힐 듯이 다가온다. 기계문명의 발달에 따른 편리함과 풍요로움과는 반대로 인간관계가 소원해지고 얄팍해진 현대인들에게는 도무지 볼 수도 없고 상상도 할 수 없는 아득한 전설과 같은 광경이다. 전설의 세계와 같이 묻혀버렸기에 더욱 그립고 소중하며 애틋하기만 하다고 할 수 있다.

6. 삶의 애환과 극복 의지

자연물에 대한 감흥을 바탕으로 화자의 내면 표현에 중점을 둔 서정시의 본령을 굳게 지키던 시인은 드디어 끈적거리는 삶의 애환의 영토로 진입하게 된다. 그 세계는 인간이 살면서 느끼는 것이 되기도 하고, 인간이 아닌 자연물이 인격화되어 당하는 고통과 슬픔이기도 하다. 인간의 세상살이가 타자와 부대끼며 생채기를 내고 비명을 질러가며 애환을 풀어나가야 하는 존재라면 삶의 현실을 반영하는 시의 세계에서도 이를 벗어날 수 없다.

사회적 존재인 인간은 집단 속에서 타자들과 관계를 이루면서 살아간다. 그들과 갑-을의 관계를 형성하면서 때로는 순조로운 만남의 즐거움을 누리기도 하지만, 대다수의 경우 힘겨운 만남을 통해 갈등과 아픔을 겪는 경우라고 할 수 있다.

> 섣달 그믐날 밤
> 목가의 바랜 국화잎 박재된 문풍지 사이로
> 하얀 심지를 삼키며
> 여리게 몸을 떨고 있는
> 하얀 등신불
>
> 이 밤, 홀로 생명줄 태우며
> 온몸을 풀다가
> 그대의 눈물인 양
> 까만 사리를 뱉어내고
> 사라져 가는
>
> 어쩌다가 기운 밤 가까이
> 어언 죄이기에
> 까만 재를 태워가면서
> 자신을 홀로 불로 사루면서까지
> 호올로 이 밤 지새우는가
>
> —「등촌」 부분

이 시는 창작의 고통을 노래한 시이다. 다작의 시를 출산하면서도 그것이 쉽게 기계적으로 이루어지는 것이 아님을 보여준다. 제야에 홀로 생명줄을 태우면서 밤을 지새우는 존재는 다름 아닌 창작의 산고를 겪고 있는 시인 자신이다. 등잔불의 심지를 태우는 것처럼 시인은 혼을 태우면서 시적 모티프를 잉태하고 시의 골격을 키우며 시상을 살찌운다. 고독을 뿌리치는 괴로움으로 고통을 뜯고 있으면서 마지막 정열까지 힘겹게 쏟아부으면서 원고지의 여백을 혼신을 다해 메워 나간다. 오죽했으면 어느 작가는 원고지를 앞에 놓고 있으면 착상이 떠오르지 않고 막막하기만 해서 그것의 사각형을 감방 같다고 했을까.

나른한 오후에 집 가까이 부담 없이 열리는
이동 골목 매장
떨이 팔아 봤자 노동자 반 품삯인데
하루 온종일 그 자리에서
똬리를 틀고 주름진 삶을 펴놓고 있다

비가 오면
우산을 세워서 채소를 가리고
눈물 같은 함박눈이 펑펑 내리면
행여, 상할세라 노심초사
구겨진 투명한 비닐 천으로 덮고
정작, 할머닌 찢어진 비옷을 대충 걸치면서
하루의 여생을 팔고 있다

—「할머니 노점상」 부분

이 시는 아파트 정문 옆에서 채소를 팔고 있는 할머니를 시적 주인공으로 삼고 있는 작품이다. 여러 시간 동안 팔리지 않아 속절없이 시들어가는 채소의 모습을 늙어 기력이 없는 할머니의 모습과 중첩시켜서 표현하고 있다. 노점상 할머니는 사회의 변두리에서 소외된 채 겨우 삶을 유지하는 서민적 존재이다. 하루 종일 똬리를 틀고 앉아서 팔아도 노동자의 반 품삯도 되지 않는 초라한 벌이지만 할머니는 포기하지 않고 그 자리를 지키면서 노인의 주름진 삶을 펼치고 있다. 비가 오나 눈이 오나 악천후를 가리지 않고 채소를 자식처럼 아끼면서 인생을 바치는 마음으로 팔고 있다. 얼핏 보면 무기력해 보이고 희망이 없는 것 같지만 그녀의 삶을 천천히 뜯어보면 강인함과 인간애를 지고 있다. 그녀는 모진 고생을 하면서 푼돈을 벌고 있지만 봄날과 같은 따뜻한 인정을 보이고 있다. 젊은 고객이 오면 자식을 사랑하는 마음으로 덤을 얹어주고 토라진 손님에게는 거저주어 마음을 돌려놓는 푸근한 인심을 마음껏 발휘한다. 이해타산이 예민해져 각박해져 가는 현대인에게 있어 전통적 삶의 인간애를 회복하는 스승상을 노점상 할머니를 통해 구현하고 있다.

여명이 돋는 아침이 되면
어머니 젖가슴처럼 솟아오르는
빠알간 불덩이를 끌어안고
하루를 기도하게 하고
주소도 모르는 어느 바람에 휘감겨
누리를 향해 출렁이게 하소서

어느 봄날
따사로운 햇살이 때리는 낮 동안에는
딘단한 홀씨가 여물게 하여
푸르른 청산으로 멀리멀리
번식되게 하소서

—「도라지 밭에서」 부분

이 작품은 종교적 기원의 어조를 통해 도라지 농사를 짓는 농부의 마음을 노래한 시이다. 농작물은 농부의 발작 소리를 듣고 자란다고 한다. 농부의 사랑과 정성에 따라 작물이 무럭무럭 자라서 풍년의 성황을 장식하게 됨을 말하는 것이다. 화자는 도라지가 가뭄과 비바람이라는 악천후를 견뎌내고 혼신의 노력을 통해 도라지가 온 산을 장식하는 강인한 생명력을 보여주기를 소망한다. 화자는 도라지를 재배하면서 그들이 하늘의 이슬을 받아먹으며 영험한 양분을 섭취하여 무럭무럭 자라나기를 간절히 기원한다. 그리하여 태양의 열기를 흡수하여 누리를 출렁일 정도로 도라지 풍년이 들기를 간절히 빌고 있다. 시인은 이러한 간절한 마음을 각 연의 마무리를 기도조의 어투를 되풀이하는 통사적 구조 반복을 통해 효과적으로 부각시키고 있다.

7. 맺음말

『질마재골의 뻐꾸기』를 정독하고 분석하면서 경륜의 축적에 따라 시인이 추구하는 시적 표현의 영역이 크게 확대되고 정신적 성숙도가 높아지고 있음을 실감할 수 있었다. 서정시의 본령이라고 할 수 있는 자연의 세계에서 일상적 세계로, 국내에서 해외로 그 제재가 크게 확장되어 메뉴가 다양한 푸짐한 밥상을 대하는 듯 뿌듯한 기분을 억제할 수 없었다. 주제의식에 있어서도 대상에 대한 단순한 감흥이 아닌 삶의 내면을 응시하고자 하는 의지가 돋보였다.

시의 화자가 드러내 보이는 정서적 감흥을 향수하는 것도 좋지만, 숨겨진 표현의 묘미를 찬찬히 뜯어보는 것도 흥미있는 일이다. 서 시인은 기법표현의 방법에 있어서도 대상을 의인화시켜 감정과 사유의 능력을 부여하는 수법에서부터 통사구조를 반복하여 주제의식을 강조하거나 리듬감을 살리고 구조적 안정감을 꾀하고 있는 작품이 다수 보이고 있다. 그런가 하면 추상적 대상을 구체화하여 시적 관념을 형상화하고자 하는 의지가 드러나 있다. 정서를 직설적으로 노정하기보다는 객관상관물을 통해 간접화함으로써 시적 형상화 기법이 한층 다양화되고 있다.

시인이 잇따라 펴낸 시집들을 통해 한 인간의 정신적 궤적을 규지할 수 있는 것도 정신적 행복이라 할 수 있다. 행동반경이 확대되고 사고 영역이 확장되면서 그만큼 정신적으로 원숙하고 철학적으로 심도 있는 시들을 감상하는 것도 내면적 희열이 아니겠는가.

개인적 서정의 영토를 굳게 지키면서도 그 범주 안에서 시적 변신을 끊임없이 모색하고 있는 서 시인의 탐구와 창작의 열정에 아낌없는 찬사를 보내고자 한다. 창작의 독감을 앓으면서 지속성의 유지와 함께 끝없이 변신을 추구하는 것은 보다 높은 경지의 세계를 추구하며 보다 수준 높은 결실을 준비한다는 얘기가 된다.

시인은 새봄을 맞아 시의 밭에 정성스럽게 시상의 씨앗을 뿌리고 세속적 욕망의 잡초를 뽑아내고 순수한 시상을 가꾸기 위해 한여름의 땡볕 아래서 비지땀을 흘릴 것이라 믿어진다. 그리하여 정서적 태풍을 이겨내고 창작의 수확물을 거두게 될 것이다. 풍성한 가을의 결실처럼 더욱 알찬 창작의 결실이 주렁주렁 탐스럽게 열리기를 기대한다.

질마재골의 뻐꾸기

서원생 시집

발 행 일 | 2015년 1월 30일
지 은 이 | 서원생
발 행 인 | 李憲錫
발 행 처 | 오늘의문학사
출판등록 | 제55호(1993년 6월 23일)

주　　소 | 대전광역시 동구 대전로 867번길 52(삼성동 한밭오피스텔 401호)
전화번호 | (042)624-2980
팩시밀리 | (042)628-2983
홈페이지 | http://www.lito77.co.kr(홈페이지)
전자우편 | hs2980@hanmail.net

공 급 처 | 한국출판협동조합
주문전화 | (070)7119-1752
팩시밀리 | (031)944-8234~6

ISBN 978-89-5669-663-8
값 8,000원